Contes d'errances
Contes d'espérance

OUVRAGES DE JACQUES SALOMÉ

AUX ÉDITIONS ALBIN MICHEL

Papa, maman, écoutez-moi vraiment

Je m'appelle toi

T'es toi quand tu parles

Bonjour tendresse

Contes à guérir, contes à grandir

Heureux qui communique

L'enfant Bouddha

Charte de vie relationnelle à l'école

Communiquer pour vivre

C'est comme ça, ne discute pas !

En amour, l'avenir vient de loin

Éloge du couple

Tous les matins de l'amour… ont un soir

Les Mémoires de l'oubli (en collaboration avec Sylvie Galland)

Paroles à guérir

Pour ne plus vivre sur la planète Taire

Car nous venons tous du pays de notre enfance

Contes à aimer, contes à s'aimer

Dis papa, l'amour c'est quoi ?

Oser travailler heureux (en collaboration avec Christian Potié)

Lettres à l'intime de soi

Je t'appelle Tendresse

Je croyais qu'il suffisait de t'aimer…

suite en fin de volume

Jacques Salomé

Contes d'errances
Contes d'espérance

Illustrations
de Dominique de Mestral

Albin Michel

« Si on essayait de dire la vérité,
juste une fois,
pour voir l'effet qu'elle ferait. »

Jean Giraudoux.

Oser s'offrir des contes

« Papa, raconte-moi une histoire…
– Une histoire vraie ou inventée ?
– Une vraie histoire inventée par toi. »
Clara

Il est des contes pour rire et pleurer, et d'autres pour entendre au-delà des maux le silence des mots. Il y a des contes pour nous permettre d'apprivoiser la part d'ombre et de secrets qui habite nos histoires visibles. Il y a des contes pour entendre l'indicible et nous réconcilier avec notre passé et l'emprise de notre histoire.

Les contes nous conduisent hors du temps, ils sont hors des commencements et vont bien plus loin que les finitudes qui tissent une vie. Les contes s'inscrivent dans un espace où l'âge du lecteur est toujours celui des lectures qu'ils font.

Tout savoir, aussi mouvant et relatif soit-il, contient une part de questionnement qui échappe à toutes les réponses. Les contes naviguent au plus près des interrogations qui nourrissent l'indicible.

Les mots d'un conte peuvent être comme des coups de gong qui frappent le tambour de l'imaginaire. Ils ne servent pas seulement à réveiller, mais aussi à nommer, à prolonger, à nous entraîner dans l'ivresse pulpeuse d'un rêve éveillé.

Les Indiens Cree demandaient aux anciens, à moins que ce ne soient les enfants s'adressant à ce qu'ils croyaient être des adultes : « Où vont les histoires quand elles ne sont pas racontées ? »

Je crois que les histoires non dites et même celles non inventées circulent de rêve en rêve, naviguent sur les rives du ciel, se promènent entre les étoiles dont elles caressent la lumière et voyagent dans les labyrinthes de l'imaginaire de tous ceux qui tentent de dire l'indicible, de comprendre l'incompréhensible, de déjouer les mystères de l'imprévisible.

Les histoires qui sont à écrire dialoguent d'inconscient à inconscient avant de germer dans une pensée, d'éclore sur une bouche, de se déposer dans une oreille étonnée, d'être lues avec les yeux du cœur et d'être enfin entendues avec l'ouverture de tous nos sens.

Chacun d'entre nous, enfant, adulte ou vieillard, possède au fond de la mémoire de tous ses oublis des histoires simples ou complexes destinées à survivre aux risques du temps.

Nutrialiments de l'âme, vitamines de l'espérance ou acides du désespoir, elles sont nécessaires à la vie. Les histoires irréelles ou véridiques, arrangées ou simplifiées, nous poussent à nous interroger sur nos origines, le sens de notre vie, le goût ou la valeur de notre existence. Elles nous permettent parfois de pouvoir prendre des décisions qui semblaient jusqu'alors impossibles à prendre.

Je me raconte des histoires depuis toujours. Toujours, cela veut dire depuis que je n'ai plus tété le sein de ma mère. Je n'avais pas encore les mots, mais je regardais ses yeux me regardant, je voyais sa poitrine lumineuse entrevue dans l'éclat du corsage, j'imaginais son téton grenu, si doux, si désespérant dans ses absences. Elle m'avait nourri jusqu'à mes quatre ans. C'était un bonheur parfait, absolu. C'est ainsi que j'ai commencé dans ma tête à me raconter des histoires, des contes si l'on veut, des récits, des anticipations, des morceaux de vie pour colmater mon angoisse de la perdre. Je bâtissais des scénarios pour échapper à la solitude que j'anticipais, pour remplir les manques que je pressentais, pour déjouer mes peurs d'avoir à affronter tout seul l'aventure de la vie.

Plus tard, dans la cour de récréation de l'école maternelle, durant quelque trois ans, j'inventais dans ma tête des rebondissements aux rencontres, aux jeux et aux conflits que je vivais. À l'école primaire, durant quelques années – mais je l'ai déjà dit ailleurs –, je racontais des mini-feuilletons où le héros, toujours masculin, était capable d'affronter tous les périls, les dangers les plus terribles, les menaces les plus fantastiques pour sauver une femme (le plus souvent), pour confier à l'existence la vie d'un enfant en souffrance (parfois), pour maintenir vivant (toujours) un principe, celui de la justice.

Plus tard encore, en sanatorium, malade, couché durant quatre ans dans un plâtre, je me suis tu. Je voyageais silencieusement en pensée. Durant cette période, je n'ai jamais raconté d'histoires, j'écoutais celles des autres. J'ai aussi découvert la lecture à dose non homéopathique, dévorant deux ou trois livres par jour. Je me suis délivré ainsi de beaucoup de missions, j'ai renoncé à des fidélités invisibles, à des loyautés trop exigeantes.

« Les contes, nous dit le cinéaste Jean-Pierre Denis, c'est un genre qui consiste à embarquer les gens dans le réel, et à les emmener peu à peu vers une autre dimension qui n'est pas le réel. Une dimension où les gens se parlent différemment, où les événements font des signes. »

Ce sont ces signes que nous apprenons à entendre, à rapprocher, à rassembler avec les contes. Des signes qui vont à la fois nous appeler, nous réveiller et nous forcer en quelque sorte à entendre cette part d'indicible qu'il y a dans chacune de nos histoires.

« Le genre est extrêmement fragile, il réclame son content de grâce. »

J'aime particulièrement ces moments où, racontant une histoire à un enfant, celui-ci avance une idée, poursuit le conte, donne une ouverture, un sens nouveau à une phrase, prolonge le récit et se l'approprie pour l'agrandir jusqu'aux horizons de son imaginaire. Un enfant, un ex-enfant devenu adulte ne se contente pas d'entrer dans une aventure, il la prolonge à sa façon, la réinvente, la fait sienne.

J'aime aussi quand tel parent, tel adulte m'envoie un conte qu'il a écrit pour mieux entendre un épisode difficile de sa vie, pour se réconcilier avec un proche, pour dire l'essentiel, pour sortir du non-dit.

Les contes qui vont suivre sont la poursuite du chemin commencé avec *Contes à guérir, contes à grandir*, poursuivi avec *Contes à aimer, contes à s'aimer* ; ils représentent pour moi l'essentiel de mes découvertes et de mes enthousiasmes.

Conte pour l'initiation à une démarche symbolique

Donnez-moi un symbole et je soulèverai quelques-uns des mystères du monde, je relierai l'infini de l'imaginaire aux horizons multiples de la réalité. C'est avec des symboles que nous pouvons accéder aux dimensions les plus cachées de notre être.

Deux amis voyageaient depuis plusieurs jours dans le désert. Au cours de leur périple, ils avaient pris l'habitude de parler de tout, d'aborder en toute liberté tous les sujets, sans aucune réserve chez l'un ou chez l'autre. Mais un jour, l'échange qu'ils avaient depuis quelques minutes se transforma soudain en affrontement, puis l'affrontement en conflit. Au point que l'un des deux donna une gifle à l'autre en lui disant : « Je ne peux pas être d'accord avec ce que tu dis ! »

Ce dernier reçut la gifle et, sans rien dire, écrivit dans le sable : « Aujourd'hui celui que je croyais être mon meilleur ami m'a donné une gifle. La peine que j'ai m'appartient. Je suis donc seul responsable de ce que je vais faire de cette peine. » Le soir à l'étape, après avoir atteint une oasis où ils purent se reposer, sur une feuille de palmier, il dessina une main, la donna à son ami et lui dit : « Je te restitue symboliquement le geste qui m'a blessé. » Puis, sur un morceau de parchemin, il écrivit patiemment cette longue phrase : « Celui qui accepte d'entendre ce qui a été touché chez lui, quand ce que lui a fait un ami lui paraît insupportable et inacceptable au point qu'il éprouve à son tour le besoin de le frapper, celui-là commence à se respecter » et il plia le parchemin, qu'il mit dans son sac.

En voyant cela, son ami jeta la feuille de palmier reçue le matin et s'enferma dans un silence boudeur.

Le lendemain ils reprirent leur route, cheminant l'un à côté de l'autre, silencieusement. Ils marchaient de façon automatique, sans plaisir, juste pour avancer, comme pour tuer le temps qui n'avait plus aucun goût entre eux. Aucun ne parla de toute la journée. Le soir, ils trouvèrent une autre oasis, bordée par un très beau cours d'eau. Sans se concerter ils décidèrent de se baigner. Mais celui qui la veille avait été giflé manqua de se noyer et son ami le sauva.

Quand il se fut repris, il écrivit sur un nouveau morceau de parchemin : « C'est bon de respirer, je remercie la vie d'être encore en moi », puis il dessina un soleil et l'offrit à son ami.

Sur une pierre, il grava ceci : « Mon meilleur ami m'a sauvé la vie, il mérite toute ma reconnaissance. » Puis il posa la pierre, de façon très visible, au bord de la piste.

Le lendemain, alors qu'ils cheminaient entre deux dunes, celui qui avait donné la gifle et avait sauvé son ami de la noyade lui demanda : « Quand je t'ai agressé, tu as écrit sur le sable, puis sur une feuille de palmier, puis sur un parchemin. Et maintenant tu écris sur un parchemin que tu m'offres et sur une pierre. Pourquoi tout cela ? » L'autre lui répondit :

« Quand quelqu'un nous blesse, nous pouvons lui restituer symboliquement la violence qu'il a déposée en nous, puisque c'est la sienne. C'était la feuille de palmier que je t'ai remise. J'ai pu aussi écrire sur le sable ce qui s'est passé, avec l'espoir que les vents du pardon à soi-même effaceraient cet événement et ne le laisseraient pas comme une gêne entre nous. Mais quand quelqu'un fait quelque chose de bien et de bon pour nous, nous devons le graver dans la pierre, où aucun vent ne peut l'effacer. J'ai pris l'habitude de noter sur un parchemin ce que j'apprends de chacun des événements de la vie, soit quand une blessure est réveillée en moi, soit quand je reçois du bon. J'ai aussi osé restituer ce qui n'est pas bon pour toi avec l'aide d'un objet symbolique, la feuille de palmier a bien rempli son rôle. Dans la pierre, il est toujours possible de graver ce que nous voulons transmettre ! Ce matin j'ai noté pour moi et ce soir j'ai écrit pour toi.

– Oui, mais ce que tu as écrit sur la feuille de palmier ne m'a pas plu, alors je l'ai jetée.

– Mais tu as accepté mon deuxième parchemin. Cela, c'est ce qui restera de notre échange. Je ne sais pas ce que tu en feras, cela t'appartient. Le plus important est ce qui a été gravé sur la pierre ! Peut-être quelqu'un trouvera-t-il un jour l'un ou l'autre de ces messages et en fera-t-il une leçon de vie. »

Il était une fois un couple de parents aveuglés par leurs désirs

Nous sommes souvent démunis face à nos enfants et quelquefois les plus mal placés pour les aider, trop enfermés dans l'enchevêtrement chaotique de nos attentes, de nos désirs et de nos peurs.

Il était une fois un couple de parents heureux et qui l'étaient vraiment. Oui, cela existe encore, une femme et un homme accordés l'un à l'autre et partageant le meilleur d'eux-mêmes. Vivant ensemble, ayant décidé de réaliser un projet de vie en commun et suffisamment attentifs et respectueux l'un de l'autre pour grandir et s'épanouir. Ils étaient en parfaite harmonie et s'étaient juré, dès qu'ils deviendraient parents, de promettre le bonheur à leur seul et unique enfant.

J'entends déjà votre question : « Mais comment est-il possible de promettre quelque chose d'aussi incertain qu'un bonheur à venir ? Comment est-il possible d'anticiper ainsi sur la vie d'un enfant de façon à lui éviter tous les obstacles, les maladies, la souffrance, le désarroi liés à des pertes ou à tous les incidents qui peuvent surgir dans la vie d'un être humain, pour qu'il puisse se sentir heureux à chaque instant ? »

Ces parents-là étaient sincères, même s'ils ne savaient pas encore qu'ils étaient aveugles. Ils croyaient avoir pensé à tout cela. Comme ils avaient traversé l'un et l'autre beaucoup de difficultés et d'épreuves dans leur propre enfance, ils souhaitaient éviter ces mêmes épreuves et difficultés à leur enfant. C'est ce désir de protéger, de veiller à ce que leur fils ne rencontre pas la souffrance et la violence qui avaient traversé l'histoire de chacun d'eux, c'est ce motif puissant qui les poussait à dérouler une sorte de tapis rouge sous les pieds de celui qu'ils considéraient comme leur trésor le plus précieux.

Mais si faire une promesse est une chose, la tenir en est une autre. Promettre du bonheur, c'est oublier que le bonheur est imprévisible, quasi insaisissable et surtout très éphémère. Que le bonheur ne se laisse ni acheter, ni séduire, ni apprivoiser. Qu'on peut seulement l'accueillir quand il passe tout près de nous ou qu'il est présent dans l'instant.

Vous vous doutez bien que ces parents-là s'étaient engagés dans une tâche quasi impossible. Ils s'étaient donné une mission qui pouvait absorber non seulement l'essentiel de leur temps, mais aussi de leurs pensées. Cette promesse faite à leur enfant les engageait à chaque instant de leur vie. Pour la mère surtout qui, dès le réveil, imaginait ce que pourrait être la journée de son enfant, comment celle-ci devait se dérouler. Ce qui faisait qu'avant même d'ouvrir les yeux, elle commençait à établir dans sa tête toute une liste de choses à faire, à ne pas oublier, surtout à ne pas oublier. Son mari, plus occupé à l'extérieur, lui disait chaque matin : « N'hésite pas à m'appeler, s'il y a quelque chose, j'arrive tout de suite… » Quand il rentrait le soir, il demandait aussitôt : « Alors, comment s'est passée sa journée ? » Il pensait évidemment à la journée de son enfant !

La journée de cet enfant, vous pouvez imaginer ce qu'elle devait être ! Il devait rendre compte de tout, les questions n'arrêtaient pas : « Et sur le chemin de l'école, est-ce que tu as été heureux ? et en classe ? et en récréation ? et ce nouveau copain que tu as ? et en gymnastique, ce n'était pas trop difficile ? et dans ta chambre, tu n'as pas trop froid ? et ce que tu as mangé hier soir, tu l'as bien digéré ? et ce chandail, il ne te serre pas trop ? et ce cartable, n'est-il pas trop lourd ? »

Vous imaginez la foultitude de questions qui envahissaient sa vie et, derrière ces questions, le nombre de peurs qui se déposaient ainsi sur lui. Car très tôt il avait bien compris qu'il devait rassurer, protéger ses parents. Qu'il devait leur apporter les réponses qu'ils attendaient, qu'il devait apaiser, sans arrêt, leur angoisse en les prenant en charge.

Très vite, dans sa vie d'enfant, il avait appris à vivre une double vie. Une vie d'enfant sage et parfait pour correspondre aux attentes, aux désirs et aux craintes de ses parents et une vie pour lui, dans laquelle il pouvait respirer plus largement, se montrer tel qu'il se sentait, prendre des risques, découvrir le plaisir de l'inconnu, de l'imprévisible. Une vie à vivre seulement pour lui-même.

Il est, je pense, inutile de vous préciser qu'il n'avait pas rencontré souvent le bonheur ! Il ne trouvait pas que ce confort en conserve dans lequel il se sentait enfermé correspondait à ce qu'il imaginait être le bonheur.

Combien faudra-t-il d'années plus tard à cet enfant pour vivre sa propre vie à plein temps ? Combien lui faudra-t-il de courage pour s'affirmer, se positionner, se définir à partir de ses propres besoins et désirs sans toujours penser à rassurer et à satisfaire ses parents ? Comment arrivera-t-il à trouver la bonne distance et à grandir vraiment ? Car c'est cela, l'essentiel du passage de l'enfance à l'âge adulte : c'est accepter de grandir de l'intérieur pour pouvoir se séparer du désir et des peurs de ses parents, afin d'affronter sa propre existence.

Il était une fois un petit garçon qui savait vivre deux sentiments contradictoires en même temps

Nous avons beaucoup de difficultés, surtout vis-à-vis de nous-mêmes, quand nous éprouvons des sentiments contradictoires envers une personne aimée ou face à une situation qui nous déchire.

C'était l'époque de la Coupe du monde de football et, ce jour-là, deux grandes équipes, celle du Brésil et celle de la France, devaient s'affronter. Le petit Jean, passionné de football et grand admirateur du Brésil, avait mis dès l'aurore le maillot jaune de son équipe préférée. Ses deux grand-mères avaient même acheté du tissu et cousu pour lui le drapeau brésilien ! Ainsi équipé, il avait regardé le match en famille, avec ses parents, oncles et tantes, tous rassemblés devant le petit écran. Les bleus d'un côté, peinture tricolore sur le visage, drapeau tricolore à la main… et le jaune et vert de l'autre, tout seul lui !

Explosion de joie du groupe des bleus, au but marqué par les Français et larmes intarissables du petit Jean qui avait préféré voir la fin du match dans sa chambre, isolé dans sa tristesse tout autant que par sa non-participation à la liesse familiale.

Sa mère, après son cri de joie (au but du joueur français, un certain Thierry Henry), s'était pourtant occupée de son petit, au visage couvert de larmes. Elle avait tenté des mots de réconfort pour les apaiser… mais sans résultat. Le père, les oncles, toute la famille s'étaient un peu moqués de lui... mais pas trop, car ils étaient sensibles à la « passion brésilienne » de cet enfant qui durait depuis toute une longue année déjà !

Jean avait tant pleuré et était si prostré (alors que d'habitude c'était un enfant joyeux et très agréable à vivre) que ses parents s'étaient dit, non sans inquiétude : « Il n'est pas normal, ce petit.... Une réaction pareille, un tel chagrin... Nous devrions l'emmener peut-être chez un psychologue ! » Et chacun de dire : « Il me fait de la peine... » Et cela avait terni la propre joie des uns et des autres pour la victoire de l'équipe de France.

Une des grand-mères, aussitôt la fin du match, avait bien tenté de le rassurer. Elle avait serré le petit Jean contre elle et trouvé quelques mots pour le réconforter, lui témoigner son amour.

Quelques jours après, Jean était allé voir cette grand-mère. Il allait mieux, disait sa maman, c'est-à-dire qu'il avait retrouvé son sourire.

La grand-mère évita pendant quelques minutes de lui parler du Brésil (elle a cependant oublié que le drapeau français qui flottait depuis le fameux samedi soir sur la terrasse de la maison clamait aux yeux de tous l'espérance de la victoire des bleus pour la suite du Mondial).

Quand elle prit tendrement Jean dans ses bras, comme elle le faisait souvent dans leur relation, et qu'elle lui demanda comment il se sentait, l'enfant lui dit alors : « Tu sais, Manette, c'est pas que je ne sois pas content que la France ait gagné... Je suis seulement triste que le Brésil ait perdu ! »

Lorsque sa grand-mère m'a rapporté ses paroles, j'ai entendu que ce petit garçon de onze ans avait parfaitement compris la situation.

Avec ses mots à lui, tout simplement, il avait su dire exactement ce qu'il ressentait. Tout à fait ce qu'il ressentait, le bon et le difficile. Alors que ses parents, emportés par leur engouement et leur enthousiasme, n'avaient vu dans son attitude qu'une différenciation négative et, ô scandale, un non-engouement pour l'équipe nationale qu'ils défendaient !

Quand un enfant sait ainsi trouver les mots justes, il peut oser se dire, même avec des sentiments mêlés et contradictoires.

Le conte du petit poney qui ne savait pas s'y prendre avec le bonheur

Le bonheur n'est ni un droit ni une obligation. C'est un état provisoire, souvent éphémère, qui prend ses racines dans quelques ancrages sacrés : vivre au présent, accepter de s'aimer, recevoir l'autre comme un cadeau, accueillir les miracles de l'imprévisible.

C'était un petit poney qui, très tôt dans sa vie, avait commencé par maltraiter le bonheur.

Ne croyez pas que cela fût facile pour lui, car le bonheur aime les enfants, il s'approche d'eux sans précaution et tente même de se reposer un peu auprès de ceux qui sont disposés à lui sourire, ce qui est plus fréquent qu'on ne l'imagine au pays des poneys.

Mais ce petit poney avait la détestable habitude de ne pas vivre le présent. Il était toujours en avance sur le temps et se précipitait sur l'instant d'après avec la vitesse de l'éclair. Si bien que le bonheur, qui comme chacun le sait aime être reconnu, apprivoisé, caressé des yeux et du cœur, n'avait aucune chance d'être accueilli par cet enfant poney, qui s'appelait, j'ai oublié de vous le dire, Ilfoke.

Plus tard, devenu un beau poney adolescent, il s'arrangea pour disqualifier chaque instant de bonheur possible en cultivant l'insatisfaction, l'amertume et le ressentiment, et surtout en se donnant des injonctions : « Il faut que je fasse ceci, il faut que je fasse cela… »

La vie n'était jamais comme elle aurait dû être, les autres ne se comportaient pas avec lui comme ils auraient dû le faire, tout ce qui lui arrivait avait un goût d'insuffisance ou de déjà-connu. Bref le bonheur, dès qu'il apercevait Ilfoke, faisait un grand détour, car il faut que vous sachiez que les bonheurs, quels que soient leur âge ou leur qualité, n'aiment pas la violence ou même la dévalorisation.

Ainsi, tout au long de sa vie d'adulte, ce poney, qui vivait dans un magnifique élevage de chevaux sur un plateau de haute altitude, entouré de beaucoup d'amour et d'attentions, jouissant d'une très grande liberté, adoptait un ensemble d'attitudes et de comportements qui allaient décourager tout bonheur qui passait par là, aussi persévérant qu'il puisse être. Tout se passait comme si Ilfoke interdisait au bonheur de s'approcher de lui, comme s'il lui disait à l'intérieur : « Je ne te fais pas confiance. »

Vous allez certainement me faire remarquer qu'en regardant autour de lui, il avait dû se rendre compte combien les autres étaient différents, sentir dans les écuries, les pâturages ou les longues promenades des poneys mâles ou femelles, ou des tout petits enfants poneys, qu'ils savaient recueillir le bonheur, eux.

Pas du tout, détrompez-vous. Lui croyait simplement que la chance existe, qu'elle se dépose sur quelques privilégiés, mais que lui, de toute façon, ne pouvait pas compter sur elle. « Moi, je ne compte pas sur la chance comme certains, je compte sur moi seul ! » aimait-il à dire à la cantonade.

Il ne savait pas d'ailleurs que, plus tard, sa partenaire et les enfants qu'il avait eus avec elle l'appelaient entre eux « Monsieur Moisseul ». Ainsi Ilfoke ou « Monsieur Moisseul » traversa la vie en cultivant son insatisfaction avec une persévérance à toute épreuve. « Les difficultés, disait-il, je connais, ça ne me gêne pas, j'ai vécu avec elles toute ma vie, ce n'est pas maintenant qu'elles vont me lâcher ! » Il aurait pu modifier sa phrase et dire : « J'ai une grande habileté pour activer et entretenir les difficultés, je crois qu'il m'est difficile de renoncer à cette habileté, à sortir de la plainte, à ne plus croire que je reste un persécuté de la vie. »

Il ne savait pas encore qu'il lui était possible de changer de regard, de s'ouvrir à l'imprévisible des rencontres, d'accueillir le présent comme un présent – au sens de cadeau. Ce qui est souvent le cas du présent quand on sait le recevoir !

Non, il ne savait pas encore, mais… ce conte lui est destiné.

Peut-être le lira-t-il. Dans la langue des poneys bien sûr !

Le conte du petit garçon qui avait voulu changer de prénom

Nos enfants sont notre part d'éternité. La seule trace de nous qui survivra en eux sera non pas de les avoir aimés, mais de leur avoir permis de s'aimer.

Il était une fois un petit garçon qui avait imaginé, mais pas seulement imaginé, qui avait senti, devrais-je dire, que ses parents ne vivaient que pour lui. Il constatait que toute la vie de son père et surtout de sa mère tournait autour de lui, qu'elle était organisée à partir de ses gestes, de son sommeil, de sa nourriture, de ses vêtements, de sa personne, de tout ce qui le concernait directement ou indirectement. Bref, que ses parents n'existaient pas pour eux, mais seulement pour lui.

Il se sentait à la fois comme un objet et un peu prisonnier d'être ainsi au cœur des pensées et des préoccupations de ses géniteurs. Au cours des années, il avait senti sourdre en lui une inquiétude diffuse, comme s'il était responsable non seulement de la vie mais aussi du bonheur de ses parents. Le soir, avant de s'endormir, il s'interrogeait : « Sont-ils vraiment heureux de m'avoir comme enfant ? Ne sont-ils pas déçus ? N'auraient-ils pas voulu avoir un autre enfant que moi, plus beau, plus intelligent, plus aimant ? » Et durant la journée, en imaginant qu'il pourrait faire une bêtise, il se demandait à tout instant si ses parents n'allaient pas mourir à cause de lui, s'il avait fait ou pas fait quelque chose qui pourrait les blesser, s'il s'était conduit comme ses parents le souhaitaient. Il pensait sans cesse à eux, essayait de deviner ce qu'il devrait faire pour les satisfaire, ce qui serait bon pour eux afin qu'ils se sentent bien.

Vous le comprendrez aisément, toute la vie de ce petit garçon était un véritable enfer, car il n'osait pas vivre pour lui-même, étant devenu en quelque sorte le parent de ses parents !

Oui, tout se passait comme s'il n'y avait pas de place pour lui dans sa propre vie, puisqu'il imaginait qu'il devait vivre pour ses parents, pour que ceux-ci aient envie de rester vivants et soient heureux de le voir heureux.

Souvent, pour ne pas risquer de leur faire de la peine, il se forçait à être content, à faire semblant de jouer, à ressembler aux autres enfants sans y réussir tout à fait. Il s'obligeait à montrer ce qu'il n'était pas, à éprouver ce qu'il ne sentait pas. Ainsi il vivait une vie qui n'était pas réellement la sienne.

Cela dura des années. Et puis, un jour, il eut une idée, celle de changer de prénom. Ses parents l'avaient appelé Michel, mais lui donnaient sans arrêt des diminutifs, des prénoms affectueux comme Michou, Michounet, Mignonnet, Michalou, Michael..., tant de noms et de petits noms qu'ils croyaient gentils pour lui, mais avec lesquels il se sentait infantilisé.

Ce matin-là, Michel, puisque c'était son prénom officiel, décida de s'appeler Pierre. Oui, Pierre, un prénom qui soit vraiment à lui, un prénom qui correspondrait à ce qu'il voulait être. Un prénom solide et fiable.

Au début cela le troubla beaucoup et, à la maison, il n'osait pas encore dire à ses parents : « À partir d'aujourd'hui, je vous informe que je m'appelle Pierre et dorénavant je ne répondrai qu'à ce prénom-là ! » Mais dans sa tête, l'idée faisait son chemin. Il commença donc à l'école, en demandant à son meilleur ami de l'appeler ainsi. Puis il alla voir le professeur et lui demanda d'accepter de le nommer Pierre et même de lui permettre d'annoncer à toute la classe son désir d'être appelé par son nouveau prénom. Beaucoup d'enfants furent très étonnés qu'on ait envie de changer de prénom, d'autres au contraire lui dirent : « Moi aussi, si j'osais, j'aurais envie de faire comme toi ! » Il y eut beaucoup de commentaires autour de cette démarche.

Petit à petit, autour de lui, chacun se familiarisa avec son nouveau prénom. Il sentait que cela lui donnait une assurance nouvelle, une meilleure confiance en lui et même une estime plus grande. Il avait le sentiment, qu'il ressentait de plus en plus fort, de grandir de l'intérieur. Il comprit que la décision qu'il avait prise était bonne pour lui.

Un jour, pendant les grandes vacances, il décida d'organiser une petite fête, au cours de laquelle il demanda à toute sa famille, papa, maman et grands-parents des deux côtés, aux tantes et oncles, aux cousins et cousines, d'être présents. Il annonça simplement : « Aujourd'hui est un grand jour, car j'ai une immense et belle nouvelle à vous annoncer ! »

Devant toute sa famille réunie, il prononça ces mots : « Je voudrais vous dire combien la démarche que je fais est importante. Combien c'est essentiel et vital pour moi de changer de prénom. Je vous demande à partir d'aujourd'hui de bien vouloir m'appeler Pierre, car je renonce au prénom qui m'a été donné au début de ma vie, j'en suis sûr avec beaucoup d'amour par mes parents, mais qui ne correspond plus à ce que je suis devenu… »

Il y eut un grand silence, chacun se regardant, tournant des regards inquiets vers les parents de Michel – je veux dire de Pierre. Puis il y eut des chuchotements, des échanges, certains firent des commentaires :

« En voilà une idée ! Comme si on pouvait changer de prénom comme ça ! s'écria un oncle.

– Je crois que ce ne sera pas facile pour ses parents de s'habituer à son nouveau prénom ! énonça gravement une des grand-mères.

– Mais un prénom, c'est pour la vie, on n'a pas le droit d'en changer ! affirma un des grands-pères.

– Moi aussi, j'aurais bien aimé changer de prénom... », chuchota une de ses cousines !

Sa mère soudain se mit à pleurer, puis dit d'une voix claire : « Moi aussi, j'aurais voulu changer de prénom, car celui que l'on m'a donné était celui d'une petite morte, la première fille de mes parents, et ce prénom, je l'ai porté avec beaucoup d'angoisse toute mon enfance, comme si je devais vivre la vie de cette petite sœur ! Je crois, Pierre, que tu as bien fait de prendre cette décision ! »

Chacun regarda l'enfant avec des yeux soudain plus grands, avec un regard nouveau. Le père pensa : « Pierre, c'est un prénom que j'aurais bien aimé avoir ! » Sa tante préférée retint ses émotions, elle se souvenait du petit bébé qu'il était au moment du baptême, puis elle se rappela soudain que Pierre était le prénom du premier garçon qu'elle avait aimé à seize ans et qu'elle ne s'était jamais mariée en souvenir de ce premier amour.

Ainsi la décision de Pierre déclencha beaucoup de réactions, éveilla des nostalgies, heurta aussi des croyances, suscita de nombreuses réflexions, fit remonter à la surface beaucoup de vieux souvenirs...

Et à partir de ce jour, Pierre commença à se sentir responsable de sa vie, seulement de sa vie. Il devint un enfant qui accepta que ses parents puissent grandir sans lui. Et c'est ce qu'ils firent.

Histoire d'un papa castor qui avait commis l'irréparable

Rares sont les maladresses ou les violences irréparables que nous déposons sur nos enfants. Mais ce sont celles-là qui créent des blessures terribles, quasi inguérissables chez les parents.

Je ne sais si vous savez comment vivent les castors. Et surtout comment travaillent les papas castors. C'est très simple : ils n'arrêtent pas de travailler. Dès qu'ils sont réveillés, ils pensent au travail qui les attend, à tout ce qu'ils ont à faire, puis ils déjeunent très rapidement, jettent un coup d'œil satisfait sur leurs enfants, embrassent distraitement leur femme et se précipitent vers leur travail pour disparaître toute la journée. Quand ils rentrent le soir, leur expression favorite est : « Oh là là ! Je suis crevé ! »

Un jour, ce papa castor que je connais bien avait dit sans rougir à ses amis, devant toute sa famille composée de sa femme et de ses trois enfants : « Oh moi, mon travail c'est 90 % de ma vie ! » C'est ainsi que sa femme et ses fils avaient découvert qu'ils représentaient un peu moins de 10 % de la vie de leur mari et père.

Le papa dont je voudrais parler ici avait beaucoup investi (comme disent les castors adultes) dans son travail. Cela signifie qu'il plaçait son activité professionnelle au-dessus de tout. Il travaillait très bien et était très satisfait des résultats qu'il obtenait, mais il n'avait qu'un seul objectif : en faire plus, toujours plus.

Ce que je vais raconter maintenant est terrible, car ce qui est arrivé à ce papa castor, je ne le souhaite à aucun autre castor, ni même à un humain !

Ce dimanche matin-là, le papa castor avait décidé d'aller visiter un chantier. Quand il tenta de sortir son gros camion du garage, en marche arrière, il ne remarqua pas que son fils de cinq ans l'avait suivi et s'était caché derrière une des grosses roues arrière du véhicule. L'enfant avait pensé que son papa le chercherait, descendrait et l'embrasserait une dernière fois. Mais ce papa castor, je vous l'ai déjà dit, était si pressé de partir à son travail qu'il démarra sans autre précaution. Quand il entendit un grand cri…

C'est ainsi que son fils fut écrasé sans qu'on puisse le ramener à la vie.

Je vous avais dit que mon histoire était terrible. Car il n'y a rien de plus injuste et d'insupportable qu'un père puisse tuer par erreur son propre enfant.

Vous imaginez la scène : la mère castor, qui voit tout de la fenêtre de la cuisine, qui pressent le drame, qui se sent impuissante pour avertir son enfant. Son cri terrible n'est entendu ni par le mari ni par l'enfant. Elle se précipite affolée, arrive trop tard, ramasse son enfant ensanglanté et le tient dans ses bras, tout contre elle, en hurlant. Elle crie contre la malchance, elle crie contre le sort, elle crie contre son mari. Elle l'accuse d'avoir été imprudent, de n'avoir pas pris le temps de vérifier s'il n'y avait personne derrière lui. Elle énonce de façon répétitive tout ce qu'il aurait fallu faire pour que son petit castor soit encore vivant. Comme si elle s'accrochait à l'espoir de pouvoir revenir en arrière, d'alerter l'enfant, de voir son mari descendre du camion pour vérifier qu'il n'y a personne derrière, d'embrasser son fils au passage pour lui dire : « À ce soir ! » Tout ce qu'il aurait fallu faire ou ne pas faire pour que son enfant ne meure pas, pour qu'il soit encore vivant. Et le père qui, en entendant comme un écho lancinant ces cris et ces pleurs, est descendu de son camion, sans comprendre ce qui a pu se passer, comment son fils a pu se retrouver là, sous les roues, comment son enfant, la chair de sa chair, est maintenant sans vie. Un père effondré, assis par terre, la tête dans ses mains, tout à sa douleur d'avoir perdu son petit et qui ne sait pas encore que le pire est à venir : qu'une immense culpabilité va vouloir le ronger durant des mois à la seule évocation de ce dimanche matin qu'il maudit, qu'il voudrait ne jamais avoir vécu.

Car comment vivre au quotidien, comment revenir à la maison en sachant que son enfant n'est plus là, par sa faute croit-il ? Comme d'ailleurs sa femme l'en accuse : « Toujours pressé de partir, toujours impatient d'aller travailler, même un dimanche, toujours coincé par tes obligations professionnelles… »

Sa femme qui ne supportera pas de rester avec l'homme qu'elle rend responsable de la mort de son enfant et qui, quelques semaines plus tard, le quittera à jamais.

Quand j'ai rencontré ce castor, qui se sentait toujours papa dans son cœur, c'était un être abattu, d'une tristesse infinie, les yeux habités par un remords insupportable. « Que diriez-vous à un père qui a tué son enfant ? » furent ses premiers mots.

Je ne lui ai rien dit dans un premier temps, j'ai écouté, je me suis penché vers lui, j'ai posé ma main sur son bras, j'ai senti son infinie détresse, j'ai été très touché par sa douleur multiple, comme si son corps était déchiré en mille endroits.

Il a pu alors me raconter comment cela s'était passé, qu'il n'avait rien vu, rien entendu, rien pu faire, sinon découvrir l'énormité du résultat : son fils mort écrasé par son camion, « à cause de moi, me répétait-il. Comment continuer à vivre avec ça dans la tête, dans le corps, dans mon présent ? ».

Alors je lui ai dit que nous étions toujours trois dans une relation : l'autre, soi-même et la relation. Qu'à un bout de la relation, c'était lui qui avait décidé de sortir son camion, qu'à l'autre bout c'était bien son fils, un petit castor de cinq ans, qui avait décidé de se cacher en espérant que son papa le chercherait. Que sa relation avec son fils ne s'était pas arrêtée ce jour-là, qu'elle se poursuivait dans son cœur.

J'ai tenté de lui dire que la durée de vie de son enfant avait été de cinq ans, que la sienne allait se poursuivre encore, ainsi que celle de ses deux autres enfants.

Je lui ai dit qu'il n'était pas possible de prendre la responsabilité de la totalité d'une relation, que chacun des protagonistes d'une relation est coresponsable de ce qui va se passer dans la relation qui existe entre eux.

Je ne sais s'il a pu m'entendre. Je ne sais s'il pourra se pardonner d'avoir ce matin-là décidé d'aller travailler sans prendre le temps de dire au revoir à son enfant, qu'il croyait jouant dans la maison.

Je ne sais s'il pourra accepter sa propre impuissance de n'avoir pu anticiper la vivacité de son fils voulant lui faire une surprise.

Je ne sais s'il pourra oser donner à nouveau la vie pour découvrir que, chez les castors, la responsabilité de sa propre vie appartient à celui chez qui elle a été déposée au moment de la conception.

Je ne sais s'il prendra le temps de me lire et d'entendre que nul ne sait à l'avance la durée d'une existence, sauf celui qui décide d'y mettre fin par lui-même.

Le conte de l'enfant qui avait tenté de s'opposer à sa mère

Quand nous cherchons à avoir toujours raison vis-à-vis d'un enfant, nous créons de la soumission ou de l'opposition, rarement de la créativité et de l'épanouissement.

En fait c'est l'histoire d'un baluchon que je vais raconter, et aussi tenter de dire comment les mots n'ont pas le même sens pour celui qui les dit et pour celui qui les entend.

« Tiens ! dit sa maman à Alain, voilà un nouveau pantalon pour toi ! »

L'enfant regarda le pantalon, surpris. Levant ses yeux vers sa mère, il s'étonna :

« C'est pour moi, ce pantalon ? Mais il est tout vieux !

– Oui, dit la mère. Vieux mais encore bon. C'était celui de ton frère et maintenant c'est le tien ! Il y a quelques années, je l'avais mis de côté, et maintenant tu es assez grand pour le finir !

– Non, dit le petit garçon du haut de ses six ans, je ne le veux pas ! C'est pas à moi ! Je le mettrai pas !

– Comment ? Tu n'es pas content ? Il ne vient pas de n'importe où ce pantalon, c'est celui de ton frère !

– Non, non et non, dit le petit Alain en tapant du pied, je ne le veux pas ! »

Il pensait : « À plus forte raison, si c'est à mon frère, je le veux encore moins ! »

La voix de la mère se durcit.

« Alors là, mon petit, si tu crois que tu vas imposer

ton choix, tu te trompes ! Ce pantalon est à toi maintenant et tu le mettras dès demain ! Et ne t'avise pas de recommencer à dire non en tapant du pied ! J'ai dit oui, et c'est oui !

– Non ! » répéta Alain plus doucement. Il se tenait maintenant immobile devant sa mère, la tête baissée et les épaules tombantes.

« Et que je ne te voie pas faire la mauvaise tête ! » s'exclama-t-elle.

L'enfant haussa son épaule droite d'un geste nerveux, ce qui provoqua immédiatement une bouffée de colère chez la mère.

« Écoute-moi bien ! Ici, c'est moi qui commande ! Que cela te plaise ou pas, que cela te convienne ou pas, c'est moi, ta mère, qui décide ce que je veux. Et toi, tu obéis ! Un enfant, c'est fait pour obéir à ses parents ! Tu as compris ? Lève la tête, regarde-moi ! Dis : oui, maman, je mettrai le pantalon ! Allez ! Dis-le !

– Non !

– Non ? »

La mère se sentit soudain bouillonnante de colère devant cet enfant qui se permettait de lui résister. Elle savait bien que depuis quelque temps il prenait de l'assurance, qu'il se rebiffait, qu'il se permettait de ne plus être d'accord avec elle. Oui, cet enfant qu'elle avait porté durant neuf mois dans son ventre, qui était sorti d'elle, voilà qu'il la contestait depuis qu'il allait à l'école ! Ah, çà non ! Elle avait déjà assez de mal à trouver sa place auprès de son mari violent qui l'écrasait tout autant de son mépris que de son autorité, il n'était pas question qu'elle accepte la moindre réaction d'opposition de la part d'un de ses enfants !

« Écoute-moi bien, Alain, car je ne le répéterai pas ! Tu ne veux pas m'obéir ! Tu ne veux pas mettre ce pantalon ! Tu te moques de moi alors !

– Non », dit l'enfant, ne sachant plus à quelle question il devait répondre, d'autant que la colère froide et soudaine de sa mère lui faisait peur.

Il avait toujours eu peur des cris de ses parents. Lui, il essayait le plus souvent d'être sage pour faire plaisir à sa mère qui pleurait souvent en le prenant contre elle en disant : « Mon pauvre petit, mon pauvre petit ! » Même que cela ne lui plaisait pas d'être appelé ainsi ! Et aujourd'hui, elle criait fort contre lui, et elle avait même la figure méchante. Il ne se moquait pas ! Simplement, il ne voulait pas mettre le pantalon de son frère, c'est tout ! En plus, ce pantalon avait été raccommodé aux fesses avec une pièce, il avait vu cela en premier, c'était moche, c'était vieux, c'était même pas à lui !

« Alors c'est non, tu as bien réfléchi ? »

Il y eut un silence chez l'enfant, comme une hésitation chez la mère. Puis, d'une voix grave elle dit : « Eh bien, puisque tu ne veux pas m'obéir, que tu te crois grand... tu n'as qu'à partir ! D'ailleurs, tu vas partir tout de suite ! Je te prépare ton baluchon et tu t'en vas ! C'est bien ce que tu veux ?

– Non... ! » chuchota Alain.

L'enfant était comme abasourdi. Les mots se bousculaient dans sa tête, mais rien d'autre ne pouvait sortir de ses lèvres. Il ne comprenait même pas ce que lui disait sa mère. Interloqué, il la regardait s'agiter dans l'appartement.

Elle avait pris un grand torchon de cuisine, mis à l'intérieur sa veste, son cache-nez, un mouchoir, un morceau de pain et une pomme. Quand elle noua les quatre coins ensemble et lui tendit le paquet d'un geste brusque en disant : « Tu vois ce qu'on fait aux petits enfants qui n'obéissent pas à leurs parents ? Tu as bien réfléchi ? », Alain leva les yeux vers sa mère et répéta une nouvelle fois : « Non ! »

Il aurait voulu lui dire de toute sa volonté : « Non, je ne veux pas partir », mais la mère entendit ce non comme un refus de plus.

C'est le claquement sec de la porte d'entrée, l'odeur humide du grand couloir sombre, et surtout l'obscurité soudaine qui lui firent comprendre qu'il se trouvait sur le palier.

Il resta quelques secondes dans la pénombre, puis, ses yeux s'habituant peu à peu, il se haussa vers l'interrupteur et la lumière se fit. Il avait soudain la tête qui tournait, il s'accroupit sur le sol, son baluchon entre les genoux. Son regard courait sur la peinture des murs et sur les tomettes rouges, s'arrêtant sur un mégot de cigarette, sur quelques traces de boue sèche. Il se surprit à dessiner des spirales dans la poussière, à faire avancer le mégot par des petits ricochets secs, comme s'il jouait aux billes, et s'arrêta net, le geste suspendu, quand l'obscurité envahit à nouveau la cage d'escalier. Avant même qu'il ne se décide à se redresser, la lumière revint. Aux voix qui montaient de l'étage, il reconnut la voisine du second, le bruit enroué de la sonnette, les échanges avec sa fille, la porte qui s'ouvrait et qui se refermait, ramenant le silence. Il s'était approché de la cage d'escalier et, les deux mains accrochées à la rampe, il regardait de tous ses yeux, tant vers le haut que vers le bas. C'était haut à donner le vertige mais il se tenait bien !

Le temps passait. Tout devenait plus sombre et, dans le silence de l'immeuble, à peine percé par quelques coups de klaxon étouffés venant de la rue, l'enfant sentit peu à peu l'inquiétude l'envahir tout entier. Il aimait bien être seul d'habitude, mais pas dans le noir, pas dans le noir de la nuit d'un grand couloir qui sentait mauvais. Et puis il avait mal au cœur, et aussi mal au ventre et peut-être faim... Il pensa à la pomme, mais il n'arriva pas à défaire le nœud du paquet serré trop fort par sa mère. Ce « baluchon » comme elle lui avait dit. Il se souvint que dans *Sans famille* que lisait son frère, le petit garçon partait sur les routes avec un baluchon, un petit chien et même un singe. Et aussi un brave monsieur dont il avait oublié le nom. Mais lui, il était tout seul. Il n'avait que ce baluchon, et en plus il n'arrivait pas l'ouvrir ! Il eut soudain une grosse envie de ne plus vivre, une infinie tristesse. Non seulement parce qu'il voulait rentrer chez lui, retrouver sa chambre, son poisson rouge, ne plus être dans le noir, mais parce qu'il venait de penser au pantalon et qu'il sentait confusément que s'il revenait, il devrait être obligé de le porter longtemps...

Quand il tourna la poignée de la porte, celle-ci s'ouvrit presque toute seule. Sa mère était devant lui. Elle se tenait droite, rigide. Il la trouva beaucoup plus grande que d'habitude. Elle dit d'une voix sèche, celle qu'il n'aimait pas du tout : « Ah, tu en as mis du temps ! Mais je vois que tu reviens ! Tu sais ce que ça veut dire, n'est-ce pas ? Tu as bien réfléchi, tu as bien compris ?

– Oui..., dit-il d'une voix faible.

– Oui qui ?

– Oui... maman ! »

Le petit garçon était loin de savoir que ce « Oui, maman » allait l'enfermer dans une relation de totale dépendance à sa mère, à cause de laquelle, durant toute sa vie, et malgré toutes les oppositions qui jalonneraient leur relation, les colères rentrées, les souffrances non dites, il n'oserait plus dire une seule fois non à une femme.

C'est en entendant parler, dans une émission de radio, des « valises à porter », du poids des histoires familiales et transgénérationnelles qu'il y a dans toute existence humaine, que cet homme de presque soixante ans s'est souvenu avec une grande émotion du petit baluchon de son enfance.

Un tout petit baluchon, qui pesait encore si lourd sur son dos.

Histoire d'un amour

Ce n'est pas l'amour, aussi merveilleux soit-il, qui permet à deux êtres qui s'aiment de rester ensemble dans la durée d'une vie. C'est la qualité de la communication, la richesse des échanges, la vitalité des partages qui nourriront leur relation et la maintiendront vivante.

Il s'appelait Silence, elle s'appelait Parole. Ils avaient vingt ans et n'avaient pas encore découvert l'amour. Ils se rencontrèrent sur l'île où elle vivait, sur laquelle elle était née et avait passé toute son enfance.

Au début ils n'échangèrent que des regards et de longs silences pleins d'attente, chargés de tous leurs élans, de toutes les vibrations de leurs désirs naissants. Ils s'offraient des sourires de miel et de tendresse sur lesquels le ciel et le soleil dansaient. Ils osaient entre eux des approches légères et magiques accordées aux clairières et aux collines de leurs soupirs. Chacun déposait ses enthousiasmes, ses émois et la part secrète de ses rêves dans les mains de l'autre. Ils surent lentement apprivoiser l'espace entre leurs corps, laisser chanter doucement la musique de tous leurs sens et laisser s'inventer paisiblement tous les tâtonnements de leurs gestes hésitants.

Puis, très vite, tout cela éclata, se transforma en baisers lumineux et en caresses colorées aux parfums de leurs abandons, pour se perdre et se fondre dans la fête des corps qui les emporta au plus loin, au plus profond d'eux-mêmes.

Ils s'aimaient en réciprocité, ce qui est plus rare qu'on ne le croit. Je veux dire par là que l'amour de l'un rejoignait et s'accordait à l'amour de l'autre.

La jeune femme, qui s'appelait Parole, très vite, spontanément, mit des mots sur ses sentiments, sur ses émotions et ses ressentis intimes. Elle se sentait d'une créativité inépuisable et généreuse pour dire, pour partager avec le jeune homme, qui s'appelait Silence, ce qui circulait à l'intérieur d'elle, pour chuchoter, murmurer, raconter à celui qui portait et amplifiait son amour tout ce qui se réveillait au plus profond d'elle, de son histoire, de son présent et de l'avenir qu'elle entrevoyait avec lui. Un avenir en commun où elle souhaitait qu'il accepte de la rejoindre, pour le construire avec elle.

Pour Silence, ce fut plus délicat, plus difficile. Lui ne savait pas se dire, ou plutôt il gardait de ses expériences passées une prudence, je devrais dire une inhibition, qui bloquait ses tentatives de mettre des mots sur ce qui le traversait, l'habitait. Même si parfois, telle une tempête intérieure qui le secouait, il sentait que tout ce qu'il ne pouvait nommer s'agitait en lui. Il craignait de paraître faible, moins viril s'il parlait de l'intime de lui et, le plus souvent, il pensait même, il faut le dire, que mettre des mots sur tout cela n'était pas nécessaire, que c'était inutile et carrément du temps perdu, que cela pouvait même être dangereux d'exprimer non ce qu'il pensait, mais ce qu'il pouvait ressentir, éprouver ou percevoir à l'intérieur. Il se sentait, comme beaucoup d'hommes, plus à l'aise dans l'action, dans le faire, il adorait proposer, organiser pour aller ici ou là. Et surtout il ne pouvait s'empêcher de toucher celle qu'il aimait, de la prendre contre lui, de lui faire sentir son désir, de lui offrir son corps et de rechercher le sien. Ce que Parole aimait beaucoup et désirait également, mais pas seulement.

Ne croyez pas que Silence fût muet. Oh non ! Il parlait, il parlait même beaucoup, avec facilité et aisance, avec humour, et proposait même une certaine qualité d'analyse et de sens critique pour tout ce qui concernait les idées ou les théories économiques et sociales, les problèmes du monde, l'univers du sport et du spectacle. Mais il parlait surtout des autres, des phénomènes qui l'entouraient, des événements qui l'avaient marqué. Il ne parlait pas du tout de la façon dont lui vivait tout cela, dans sa chair, dans ses émotions, dans son ressenti intime.

Il adorait faire des commentaires sur le monde des affaires, sur la société et le comportement des hommes politiques, il aimait s'emparer d'un sujet évoqué par lui ou un autre. Aussitôt il s'embarquait dans un discours où il pouvait briller mais aussi s'égarer parfois dans un verbiage qui devenait répétitif, un peu stérile et perdait rapidement tout son sens. Il excellait aux controverses, à cultiver l'art de la disputation, à entretenir avec Parole ou ses amis des débats sur les manifestations sportives, les films qu'il avait vus, les livres qu'il avait lus, les voyages qu'il avait faits, les expériences de vie qu'il avait traversées. Au fond, ce qui distinguait Parole et Silence, c'est qu'elle parlait d'elle et lui parlait sur lui et sur les autres, sans réellement parler de lui-même.

Ils ignoraient encore que ce qui maintient le plus solidement ensemble deux êtres dans le respect mutuel, dans l'intimité d'une relation qui sache résister au temps, n'était pas l'amour qui pouvait les lier et même les attacher l'un à l'autre, mais la qualité des échanges et du partage. Un partage équilibré autour du savoir demander et donner, de l'oser recevoir et refuser. Un partage qu'ils pourraient ou non se proposer en réciprocité…

Ils ne savaient pas encore qu'ils étaient au début d'un chemin qui risquait de les éloigner l'un de l'autre, plus sûrement que n'importe lequel des malentendus ou conflits qui auraient pu les opposer ou les blesser. Ils pouvaient, en restant sur ce chemin d'incompréhension où les demandes de l'un ne trouvaient pas d'écoute et de réponses dans les conduites de l'autre, s'éloigner l'un de l'autre sans même le savoir. Ils risquaient de se quitter lentement, irrémédiablement, sans même pressentir leur incapacité à créer, au-delà de leur amour, une relation vivante, créative, stimulante. Une relation qui justement aurait nourri leur amour du meilleur d'eux-mêmes, de leurs ressources les plus inattendues, s'ils avaient pu mettre en commun et amplifier leur vécu et le retentissement intime de tout ce qu'ils vivaient. Et tout cela, bien sûr, avec une offrande d'un côté et une réceptivité ouverte de l'autre, et surtout une réciprocité, une mutualité, une circulation des ressentis personnels et intimes. Une relation où chacun aurait pu partager ses attentes, ses apports et surtout témoigner de ses zones d'intolérance, de fragilité, de colère ou même de violence accrochées aux blessures de l'enfance.

Il faut que je vous dise que Parole avait été élevée dans la famille Jozdir, une famille qui pratiquait depuis longtemps une approche qui enseignait à communiquer, c'est-à-dire à mettre en commun. Une méthode qui proposait de ne pas parler sur l'autre, mais à l'autre de soi, une approche qui invitait à renoncer aux injonctions, aux jugements de valeur, aux disqualifications et dévalorisations, aux menaces et aux chantages, aux culpabilisations, au maintien des rapports dominant / dominé. Une famille et un entourage où l'on proposait très tôt aux enfants des règles d'hygiène relationnelle simples, accessibles à chacun, des outils concrets, transmissibles pour mieux communiquer. Parole, dans son éducation, avait développé des ressources qui favorisaient un positionnement clair de soi-même, l'autonomie et l'affirmation, la créativité et la liberté d'être...

Silence, lui, avait grandi dans un entourage qui l'avait invité à pratiquer le non-dit, l'opposition et non l'apposition, l'affrontement plutôt que la confrontation, la collusion entre sentiment et relation, la non-différenciation entre désirs et besoins. Il avait été élevé dans la famille Cépadir. Une famille comme il y en a des millions sur la planète Taire, qui pratiquait avec une spontanéité jamais prise en défaut le système relationnel très répandu qui rend sourd et aveugle à l'essentiel, qui est pernicieux et pervers et surtout énergétivore. Une famille dans laquelle il était inconvenant de parler de soi, de se laisser aller à se dévoiler, dans laquelle on posait des questions intrusives, où on devait répondre aux demandes par le conformisme ou la soumission. Une famille et un entourage qui parlaient sur vous, vous définissaient, vous cataloguaient et vous étiquetaient avec des jugements de valeur péremptoires et définitifs, qui vous culpabilisaient si vous n'entriez pas dans le désir des parents, qui n'hésitaient pas à vous menacer, à vous châtier ou même à vous rejeter si vous affirmiez des croyances différentes ou des velléités d'indépendance et d'affirmation différentes...

Dans ce type de famille, il faut le savoir, les enfants n'ont pas la possibilité de développer confiance et amour de soi, initiative et créativité. Peu de choix leur sont proposés pour se construire dans l'amour et l'estime de soi, se consolider face à l'imprévisible de la vie... sinon en adoptant des comportements stéréotypés et en conserve, je veux dire répétitifs et peu adaptés à la réalité. Les individus qui sont élevés dans un tel système ont peu de possibilités pour exister.

Soit ils s'affirment et se réalisent dans le faire, dans l'action, la conquête, l'appropriation, le combat.

Soit ils démissionnent, fuient, se soumettent, se mettent au service d'exploiteurs, se laissent manipuler.

Soit encore ils s'inhibent, s'enferment dans le silence, dans une activité écran, tentent d'échapper à l'imprévisible en se faisant oublier. Certains, plus rares, vont se réaliser en se marginalisant, soit par la création, soit par la transgression…

Je ne sais ce que va devenir la relation entre Parole et Silence, pas plus que je ne sais comment survivra ou s'agrandira leur amour. Ce que je sais, par contre, c'est tout le chemin que l'un et l'autre auront à parcourir pour se proposer, au-delà de la rencontre amoureuse, une relation vivante et épanouissante, s'ils veulent construire un avenir en commun.

Je sais aussi qu'ils auront à se confronter à la désidéalisation de leurs images, à une reconnaissance plus claire de leurs attentes et de leurs apports, à la prise en compte de leurs zones d'intolérance, à la découverte de leur vulnérabilité. Ils auront, s'ils veulent s'inscrire dans une relation de durée, à apprendre à mettre en commun autour des contradictions qui cohabitent à l'intérieur de chacun, des différences qu'il y a entre eux, des semblants aussi, à négocier des antagonismes, à clarifier la part d'ombre liée à leur passé et à leur histoire. Je leur souhaite de pouvoir inscrire ce chemin dans la voie du cœur et d'une conscience ouverte.

Le conte de la méduse qui n'arrivait pas à être heureuse

Il est des personnes qui ont des autosaboteurs efficaces, quasi indestructibles, capables de résister à tous les assauts du bonheur et de décourager toutes les tentatives du plaisir et du bien-être.

Aucune méduse ne ressemble à une autre. Chacune est unique et, même si parfois il est possible d'établir des points de comparaison ou de ressemblance à l'intérieur d'une même famille par exemple, nous sentons tout de même que chacune possède une personnalité et des traits de caractère qui lui sont propres.

Au pays des méduses, quand la psychologie était encore une science balbutiante, la mode ou la raison voulait qu'on établisse des catégories, afin de rassembler, de classifier les personnes ayant des points en commun pour mieux les étudier. Cet étiquetage, ces classifications aidèrent dans un premier temps à poser les fondements de cette approche visant à une meilleure compréhension des méduses, de leur conduite et surtout à mieux repérer les dérapages ou les aberrations dans les comportements que certaines d'entre elles pouvaient produire vis-à-vis de leur entourage.

Au cours du dernier siècle, cette nouvelle science en est venue à s'occuper non seulement du mal-être des enfants et des adultes méduses, mais aussi des comportements atypiques et des déviances, laissant cependant la folie aux psychiatres. Puis une branche de la psychologie chez les méduses s'intéressa surtout aux « normosés » : aux méduses normales comme vous et moi, je veux dire comme celles qui nous entourent, que nous voyons dans la mer en été.

Certaines méduses, dans leur vie, quelles que soient les circonstances, vont se sentir insatisfaites, malheureuses et dépressives. Ainsi de l'une d'elles que je connais, qui a dirigé une chaîne de grands magasins, qui possède plusieurs maisons dans des endroits magnifiques très recherchés par les méduses riches, et qui habite un château magique où elle vit avec son mari. Tout au fond d'elle, elle sent bien que ce n'est pas le mari qu'il lui faut, aussi a-t-elle tenté de le décourager en s'opposant à lui, en tombant régulièrement malade, en lui faisant des reproches, en portant plusieurs fois par jour des accusations injustes sur sa personne. Lui résiste, il préfère garder sa femme, ce qui lui évite de s'engager auprès de toutes les autres relations féminines qui traversent sa vie (et il y en a beaucoup !). Il a ainsi un alibi : « Je suis déjà marié... », leur dit-il quand elles lui demandent d'aller plus loin avec elles.

Mais revenons à notre méduse suicidaire. Je ne vous l'ai pas encore dit : sa spécialité, c'est le suicide différé par l'alcool, par les drogues et une consommation excessive de médicaments. Avec beaucoup d'habileté elle fit plusieurs tentatives de suicide réussies (je veux parler des tentatives !) avec quelques jours d'hospitalisation en urgence, ce qui déclenchait en général une succession de coups de téléphone de la part de ses amies et quelques manifestations superficielles de sollicitude, rapidement oubliées, de ses proches.

Bien sûr cette méduse avait fait appel à toutes sortes de personnes qu'elle pensait susceptibles de l'aider : guérisseurs africains, marabouts, chamans amérindiens ou sibériens, gitanes à tarot, médiums, psychothérapeutes et pseudo-thérapeutes patentés, psychanalystes reconnus (elle avait même réussi à payer à l'un d'eux l'essentiel de sa résidence secondaire). Elle avait vu des spécialistes de la désintoxication, des guides spirituels labellisés (en relation directe avec des entités terrestres). Ses lectures l'avaient même conduite vers moi avec l'espoir d'un miracle.

Il se trouve que je suis d'un redoutable pragmatisme, nullement intéressé par les problèmes des gens, mais passionné par les personnes et leur capacité à se responsabiliser pour prendre en charge leurs difficultés.

Pour vérifier si une personne (au pays des méduses) veut véritablement changer, il suffit de l'inviter à faire quelque chose pour elle-même, à seulement commencer à prendre soin d'elle. Si elle vous répond que les autres ne vont pas comprendre, qu'ils risquent de souffrir ou d'être dérangés, qu'elle risque d'être vue comme égoïste, vous avez la confirmation immédiate qu'elle ne souhaite pas changer réellement.

Ainsi, quand j'ai proposé à cette méduse d'en finir avec une situation inachevée de son histoire, comme celle de restituer à un oncle, frère de sa mère, la violence d'une provocation sexuelle qu'il avait déposée sur elle quand elle était une petite méduse de huit ans, et qu'elle me répondit que cet adulte n'allait pas comprendre, qu'il allait la prendre pour une folle, que de toute façon c'était trop tard..., j'ai compris qu'elle ne souhaitait pas réellement, pour l'instant, changer quelque chose à sa vie.

Au pays des méduses, tout changement commence par une démarche de nettoyage du passé, qui va permettre de libérer des énergies, afin de pouvoir affronter ensuite les difficultés du problème qui les meurtrit.

Encore faut-il accepter de commencer !

Un conte qui vient de la réalité

Il y a ce qui nous arrive et ce que nous en faisons.
C'est à partir de ce que nous en faisons que se construit notre relation au monde.

La réalité est toujours à l'extérieur de soi, il est donc toujours possible de se situer vis-à-vis d'elle.

La réalité, c'est lorsque vous rencontrez sur votre chemin un événement, qui peut être bon (ou pas bon) pour vous, ou que vous faites une rencontre qui sera stimulante (ou qui ne le sera pas). Ainsi cette ex-petite fille qui m'a raconté son histoire avec beaucoup d'émotion. « Pendant longtemps je croyais avoir oublié ce qui m'est arrivé et pourtant cela s'est bien passé ! J'avais huit ans, c'était un jeudi du mois de juin… »

À l'époque, les enfants n'allaient pas à l'école le jeudi. C'était un jour de congé, un jour de jeu, un jour de liberté. Elle habitait avec ses parents et toute sa famille, constituée de deux frères et d'une sœur, dans une maison assez éloignée du village, et cette petite Christine adorait prendre sa bicyclette et s'envoler avec le vent, à toute allure sur les petites routes qui sillonnaient la campagne entourant sa maison. Elle aimait partir sur les petits chemins qui descendaient et remontaient entre les collines, serpentaient entre les vallons. Elle faisait du vélo pour le plaisir de sentir l'air qui faisait danser ses cheveux.

Et cet après-midi-là, elle était toute joyeuse, resplendissante de vie.

Sa jupe volait au vent, elle riait du bonheur de se sentir vivante, elle se sentait habile et contente d'elle-même. Elle pédalait à toute vitesse, profitant d'une descente qui faisait une belle courbe dans une combe couverte de genêts. Des genêts, cette année-là, il y en avait partout, et leur odeur puissante s'exhalait dans la chaleur de cette fin d'après-midi, embaumant même le ciel. Elle savait qu'un peu plus loin elle allait retrouver la senteur des pins, puis celle d'un vieux chèvrefeuille. Elle entrait dans les odeurs avec tout son corps, avide d'en saisir toutes les nuances qu'elle allait trouver sur sa route.

Après un grand détour, elle décida de rentrer, pédalant avec ardeur sur le chemin du retour. « Vite, se disait-elle, j'ai faim, c'est l'heure du goûter ! Je vais arriver à la maison la première, avant même mes frères et ma sœur. Et même que cette fois-ci, j'arriverai directement dans la cuisine par la porte de derrière qui est toujours ouverte et je m'arrêterai net devant la table, avec un bon coup de frein, en faisant grincer mes pneus comme mon grand frère sait le faire ! »

Soudain un homme surgit du bas-côté et se plaça sur le chemin étroit, les bras levés. Elle freina de toutes ses forces pour essayer de l'éviter, mais dans un grand crissement de roues elle dérapa et fut projetée la tête la première dans les genêts ! Sa colère la fit se redresser aussitôt et elle vit alors l'homme se précipiter dans sa direction. Elle pensa d'abord qu'il venait l'aider à se relever, mais elle constata immédiatement qu'il avait un drôle de regard, que sa bouche était toute tordue et surtout que son pantalon était déboutonné et qu'il tenait son sexe, un gros zizi tout violet, à pleines mains !

Elle n'eut qu'une idée : reprendre son vélo qui était tombé sur le chemin et s'enfuir à toute vitesse. Elle se redressa, mobilisa toutes ses forces et réussit à se remettre en selle. D'un seul élan, elle s'élança sur la route vers sa maison, laissant l'homme loin derrière. Elle ne se retourna pas pour vérifier s'il tenait toujours son zizi dans ses mains, mais elle sentait qu'elle avait échappé à un danger.

Quelques minutes après, elle arriva devant sa maison. Elle n'avait plus le goût d'entrer dans la cuisine avec son vélo, elle le laissa devant la porte principale et entra, blême, toute griffée de sa chute dans les genêts, le corps soudain très fatigué. Elle balbutia : « Un vilain monsieur... un vilain monsieur... il m'a fait tomber, il voulait me montrer son zizi ! » Ses deux frères sortirent en criant : « On va le retrouver et lui montrer qu'il n'a pas le droit de s'attaquer à notre petite sœur ! » Ils s'élancèrent à fond de train vers le lieu de l'incident, mais l'inconnu avait disparu et, malgré leurs recherches sur les petits chemins de traverse, ils ne purent le retrouver.

Christine, comme vous devez l'imaginer, avait eu très peur. Sa mère soigna ses écorchures, la berça dans ses bras, ses frères lui firent promettre de ne plus partir seule dans les collines et son père, à son retour le soir, resta un long moment silencieux. Mais chacun sentait toute la colère qu'il y avait en lui. Il retenait ses mains, comme s'il avait envie de taper sur quelqu'un. Le soir au repas, chacun conspua le « salaud » qui avait osé faire peur à la petite fille que chacun aimait, qui aurait pu lui faire du mal ! On la félicita de sa présence d'esprit, de son dynamisme et de la force de ses petits mollets qui lui avaient permis de se sauver comme une grande. Et comme souvent dans les familles, après une épreuve ou une douleur grave, on lui demanda d'oublier tout cela. « Maintenant c'est fini ! Allez ne pleure plus... De toute façon, tu as eu plus de peur que de mal. On oublie tout !… Tu as eu de la chance, tant mieux ! N'y pense plus, va, c'est du passé ! »

Ce que les parents ne savent pas toujours, c'est que le passé est la graine du présent. Une graine qui ne se laisse pas oublier même enfouie dans les souvenirs de l'enfance, et dont les traces profondes vont colorer plus tard le futur. Surtout quand la réalité de ce passé a été négative, violente ou menaçante.

Aujourd'hui, chaque année, Christine est allergique au moment de la floraison des genêts. Quand la crise surgit, ses yeux larmoient en permanence et se remplissent même de minces filets de sang. On l'a conduite chez de nombreux médecins, elle a fait des cures de désensibilisation, a reçu des piqûres, des traitements divers, etc. Elle est devenue en quelque sorte une experte en médicaments contre les allergies. Tout dernièrement elle a été obligée de se soigner avec des corticoïdes. « C'est un médicament violent, mais il n'y a rien d'autre à faire », dit-elle à ses proches.

Son ami à qui elle en a parlé lui a demandé :

« Et ça te revient tous les ans ?

– Un mois et demi après l'arrivée du printemps, tous les ans, oui ! Je fais une allergie aux fleurs, aux graminées, aux cyprès, etc. C'est du moins ce que l'on m'a dit d'après les tests ! On m'en a fait des dizaines ! Dès que la campagne fleurit, mes yeux se mettent à pleurer et c'est très éprouvant chaque fois. Le reste de l'année je n'ai pas de problème. L'autre jour, j'ai vu des genêts qui commençaient à fleurir, je sais que l'allergie va recommencer bientôt, hélas ! Et cela va me gâcher tout le printemps qui est si beau cette année.

– Ah bon ?… Alors tu es allergique aux genêts ?

– Non, pas du tout ! D'ailleurs je n'aime pas ces fleurs,

je ne les approche jamais, c'est pas ça qui pourrait me rendre allergique !

– Et à cette période de la mi-mai, il est arrivé quelque chose d'important, de douloureux, quand tu étais enfant par exemple ?

– Mais non ! Toi et tes idées à toujours rechercher une cause aux choses simples ! C'est pas psychologique du tout, c'est les graminées, je te dis !

– Si tu le dis.....

– Tiens ! Tu me fais penser à un truc d'un seul coup ! Figure-toi que, lorsque j'étais petite, un jeudi après-midi, alors que je roulais en vélo dans les collines autour de ma maison... »

Et soudain Christine s'est mise à pleurer, à pleurer à gros sanglots ! Des sanglots désespérés. Elle répétait sans cesse : « C'est pas juste, c'est pas juste, je ne lui avais rien fait, moi, à cet homme ! Pourquoi, pourquoi il a fait ça ? »

Il paraît que Christine a pu un jour dire à ses parents : « Vous voyez, malgré votre conseil, je n'ai pas oublié, j'ai pu raconter ce fameux après-midi où un homme m'a fait très peur en me montrant son zizi. »

Ainsi le corps garderait-il la mémoire de tout ce qui nous arrive et nous rappellerait-il qu'il ne veut pas oublier... mais qu'il veut être entendu !

Je sais que, depuis qu'elle a pu se dire à ses parents, Christine ne fait plus d'allergie aux fleurs de l'été.

Comme vous l'avez deviné, la réalité laisse des traces. Elle ne veut pas se faire oublier. Cela me rappelle ma grand-mère qui disait : « Un seul jour de guerre, un seul jour de malheur laisse plus de traces en nous que cent jours de bonheur ! »

Le conte du petit renardeau qui avait bien entendu ce qui était resté dans le silence

Ce qui ne se dit pas se parle quand même, avec une infinité de langages non verbaux et de passages à l'acte.

Il était une fois un petit renardeau – je devrais dire d'ailleurs un grand renardeau – qui avait remarqué que dans sa maison, quand sa mère était absente, lui et les autres membres de la famille cassaient beaucoup d'objets. Plus particulièrement dans la cuisine. Non pas que chez lui on se parlait comme dans certaines familles humaines « à coups de vaisselle cassée », ou qu'on réglait des comptes à travers des actes manqués en laissant tomber, sans le vouloir, une assiette, un bol ou un plat, mais les faits étaient là : certains jours, il y avait beaucoup de dégâts ! Non seulement la vaisselle mais aussi le mobilier, comme par hasard, en prenait un « sacré coup » à chaque absence de la mère. Cela ne se faisait pas intentionnellement, mais cela arrivait, « sans faire exprès », sans volonté précise de la part des uns et des autres.

Il se trouve que cette mère avait de nombreuses activités à l'extérieur, pour lesquelles il lui arrivait de s'absenter plusieurs jours. Tout se passait, semble-t-il, comme si l'absence de cette femme déstabilisait quelque chose, créait une insécurité et peut-être aussi une interrogation chez les uns et les autres. D'ailleurs ses frères et sœurs renardeaux s'interrogeaient : que faisait-elle ailleurs ? Comment vivait-elle en dehors d'eux ? Et est-ce qu'elle allait revenir, reprendre sa place, assurer l'équilibre de cette famille ?

Il est souvent difficile d'exprimer à l'égard de quelqu'un qu'on aime ou qui est important pour nous nos sentiments réels, en particulier nos sentiments négatifs. D'oser dire les amertumes, les reproches, les ressentiments que l'on peut avoir envers celui ou celle qu'on aime et qui n'est pas là, qui nous laisse dans l'angoisse ou le doute.

Ce renardeau proposa un jour à sa mère de laisser une grande photo d'elle dans la cuisine durant ses absences. « Comme ça, on sait que tu existes ! »

Je crois que cet enfant avait bien entendu que si un lien est important, essentiel, il convient de le visualiser, de le représenter et surtout d'en prendre soin. J'aurais même envie d'ajouter, pour compléter son idée, qu'il serait intéressant que soit réservée une place dans la cuisine, sur la porte du frigidaire par exemple, pour mettre la photo, non seulement de la mère, mais aussi celles des autres membres de la famille, ainsi que, reliant chaque photo l'une à l'autre, un bout de laine, représentant le lien particulier qui existe entre chacun des membres de la famille.

Cela permettrait d'ailleurs de montrer que dans une famille de renards constituée d'un papa, d'une maman, de deux sœurs et de trois frères, il y a beaucoup de liens à représenter, de différentes grosseurs et de longueurs variables pour symboliser les relations proches ou plus lointaines.

Chez les renards, les enfants sentent très vite quand le lien conjugal des parents est maltraité ou en péril.

Ils ont besoin d'être réassurés sur la solidité du lien qui les relie au père et à la mère. Ils ont la conscience intuitive que ce qui est mis en danger implicitement dans une rupture prévisible, c'est la perte du lien privilégié que chacun peut avoir avec l'autre. Ils savent que c'est la confiance dans la force et la solidité du lien, plus que la présence, qui assure la sécurité, l'apaisement et l'espoir.

Depuis que ces liens sont montrés, j'ai entendu dire qu'il y avait moins de vaisselle cassée dans cette famille de renards.

L'histoire de deux sœurs jumelles, Alexandra et Paradoxa

À l'intérieur de nous peuvent cohabiter plusieurs personnes, qu'il n'est pas toujours facile de reconnaître mais qu'il nous appartient de rencontrer.

Il était une fois une ex-petite fille qui n'avait pas reçu beaucoup d'amour durant toute son enfance. Cela arrive parfois, quand par exemple le père est trop occupé par son travail, ou qu'il préfère le garçon qu'il a déjà, ou encore quand il rêve au fils qu'il n'a pas encore. Certains pères peuvent ainsi délaisser leur fille et ne leur porter qu'un intérêt distrait, une attention insuffisante. Et puis il faut dire également qu'il y a des mères qui voient dans leur fille une rivale redoutable et qui vont s'ingénier, avec beaucoup de bonne foi, à disqualifier, dévaloriser, blesser leur enfant qui ne comprend pas ce qui lui arrive. Il en est d'autres qui rêvent d'avoir une fille parfaite, sans défaut et qui font la guerre à « cette fille » qui les déçoit en permanence en n'étant pas comme elle devrait être.

Vous l'avez deviné, Alexandra, cette ex-petite fille devenue femme depuis quelques années, vivait avec un immense manque d'amour. Il faudrait même trouver un mot plus grand qu'« immense » pour décrire ce manque. C'est comme s'il y avait au milieu de son corps un immense trou, une faille sans fond, un abîme de manque.

Comme si tout son être avait faim d'amour, soif de tendresse, était avide de caresses, affamé de marques d'attention gratuites. Ce qu'il faut que je vous dise aussi, c'est qu'Alexandra était très belle. Elle avait un visage de madone, lisse et doux comme ces vierges dessinées par les peintres italiens du Quattrocento.

Sa beauté attirait le regard, l'attention des hommes, et nombreux étaient ceux qui cherchaient à engager une relation avec elle. Elle aurait pu recevoir beaucoup, beaucoup de déclarations d'amour, mais comme il y avait en elle une multitude de doutes, qui sécrétaient de la non-confiance, elle n'était jamais sûre d'être aimée pour elle-même, mais seulement pour ses yeux, sa poitrine, ses fesses ou sa beauté.

Aussi Alexandra avait-elle développé, à l'intérieur d'elle, toute une armure de guerrier. Elle était comme un vaillant petit soldat toujours en première ligne pour détourner les compliments, pour plaisanter, pour faire des jeux de mots, pour se dérober et ne pas se laisser entraîner dans une relation qui, pour elle, aurait signifié risques de souffrance, d'abandon ou de rejet.

Mais le plus difficile reste à dire. Il y avait tout à l'intérieur d'Alexandra un deuxième personnage, un double qui surgissait brusquement dans la journée, qui prenait le pouvoir sur ses pensées, sur ses choix, qui lui dictait des décisions dont par la suite elle n'était pas du tout satisfaite et dont elle avait même un peu honte.

Ce personnage, ce double, cet intrus (car c'était un véritable intrus) qui habitait Alexandra, s'appelait Paradoxa. C'était un personnage étrange, qui aux yeux de tous aurait pu paraître futile, inconsistant, pas très sérieux et même être perçu comme très agaçant, à tel point que parfois il suscitait les critiques et les rejets de la part de certaines amies d'Alexandra. Paradoxa était, comme son nom l'indique, un véritable paradoxe, aux antipodes de la sensibilité et des aspirations profondes d'Alexandra. Voici comment il s'imposait à cette femme.

Soudain, il occupait toutes ses pensées et suscitait en elle le besoin de sortir et d'aller « courir les magasins ». Mais pas n'importe lesquels, seulement les magasins de luxe, de lingerie fine, de vêtements de marque, les parfumeries, les chausseurs, les bottiers ! Et là, devant la vitrine, une impulsion irrépressible et incontrôlable lui faisait acheter une quantité incroyable de choses, toutes aussi belles qu'inutiles.

Quand je dis inutiles, je veux dire que lorsque Paradoxa achetait dans l'urgence, elle sortait sa carte de crédit comme on dégaine une arme de poing. Alexandra, elle, n'avait pas un réel besoin de tous ces vêtements, de ces parfums, de ces chaussures ni de toute cette lingerie. Mais Paradoxa l'obligeait sans discussion possible, imposait, dominait et faisait acheter ainsi chaque mois, pour des sommes considérables, des objets à une Alexandra démunie qui n'arrivait pas à se défendre devant cette exigence qui pourtant violentait sa personne.

Tout se passait comme si Paradoxa voulait cacher, remplir le vide affectif qu'il y avait chez Alexandra, comme si elle espérait ainsi supprimer le manque d'amour, le recouvrir, le cacher avec tous ces vêtements, ces objets et ces parfums.

Comme si Paradoxa souhaitait engloutir et rejeter dans les profondeurs de l'oubli la demande silencieuse d'Alexandra : « Aimez-moi, aimez-moi sans rien exiger de moi, sans que j'aie à demander ! »

Paradoxa, aux yeux du monde entier, aurait pu passer pour une dépensière redoutable, une acheteuse prolifique, magnifique et généreuse, alors qu'elle tentait pathétiquement de soulager avec une générosité mal placée une ex-petite fille affamée d'amour.

Quand elle rentrait chez elle, Alexandra ne restait pas longtemps dans un ressenti qui s'avérait très vite erroné. « Je me suis fait plaisir, disait-elle, j'ai besoin de me faire plaisir ! » Mais ce plaisir avait rapidement un goût d'amertume. Tous ces vêtements, achetés compulsivement, se révélaient vides de vie, ils n'étaient pas habités d'un véritable désir d'être portés, montrés. Ils s'entassaient dans les placards, remplissaient de nombreux tiroirs, débordaient des valises, cartons et étagères...

Je ne sais comment finira cette histoire, mais ce que je sais c'est qu'Alexandra pourrait un jour prendre par la main la petite fille qu'elle a été, qu'elle pourrait lui dire : « Je sais que tu n'as pas été aimée, protégée, accompagnée au plus près de tes rêves, mais je vais à partir d'aujourd'hui prendre soin de toi. »

Elle pourrait aussi inviter Paradoxa à renoncer à cette mission de réparation qu'elle s'est donnée en lui apportant justement la reconnaissance qu'elle-même n'a pas eue dans son enfance. Elle pourrait lui dire : « Je reconnais tout ce que tu as tenté de faire pour moi, tout ce que tu fais pour me combler, pour me donner du plaisir, pour me rassurer, pour panser mes blessures, mais mon besoin réel d'être reconnue telle que je suis et non telle que je me montre est ailleurs. Moi seule peux le respecter... »

Il est possible qu'un jour Paradoxa laisse vivre Alexandra comme elle le souhaite et lui permette ainsi de faire des rencontres magiques, des rencontres qui seront bonnes pour elle.

Ah, il faut que j'ajoute quelque chose : à la lecture de ce conte, vous êtes peut-être étonné du titre qui annonçait l'histoire de jumelles. Il y a parfois des jumelles qui s'ignorent. Savez-vous par exemple que dans beaucoup de cas, au moment de la conception, quand une femme et un homme ont fait l'amour, il peut y avoir deux ovules qui sont fécondés et qui vont donc cohabiter, être proches l'un de l'autre de façon discrète pendant quelques semaines dans le même utérus ? Et puis, un de ces ovules, non viable comme on dit, est éjecté. Il s'agit donc d'une mini-fausse couche à l'intérieur d'une grossesse, qui se poursuit normalement pour l'autre ovule. Celui-ci va se développer, devenir un fœtus, rester en place durant neuf mois et donner la vie à un très beau bébé, à une petite Alexandra par exemple. Mais cet enfant se construira avec un manque. Un manque important, le besoin de la présence de sa « jumelle ». Au profond de toute sa sensibilité, elle va garder le souvenir de sa « sœur », la trace de cette cohabitation très proche qui, même si elle n'a duré que quelques semaines, a laissé une empreinte qui ne s'effacera jamais en elle. Et il arrive parfois que cette « jumelle » inexistante continue à se manifester dans la vie de celle qui est venue au monde, sous la forme d'un personnage qui prendra un peu de la vie de l'autre, qui lui imposera des conduites, des choix, comme si elle revendiquait de cette façon le droit d'avoir tout de même une existence…

Mais vous conviendrez avec moi que tout cela n'est pas facile à comprendre pour qui n'est pas à l'écoute de quelques-uns des mystères de la vie !

Il était une fois une petite fille dont l'enfance avait été terrorisée par son père

Il est des géniteurs qui ont beaucoup de mal à devenir des papas ou des pères. Il en est d'autres qui ne le seront jamais, car l'enfant blessé qui est en eux ne supporte pas l'enfant qui sera devant eux.

Et quand je dis terrorisée, je trouve le mot trop faible. Je devrais dire conditionnée, modelée, inhibée par les gestes, les paroles, les cris, les explosions imprévisibles et brutales de cet homme, non seulement envers elle mais envers les autres membres de sa famille.

Ce père, en effet, était habité par une violence très ancienne qui remontait à sa propre enfance, mais qu'il ne voulait pas reconnaître car il pensait qu'il fallait être fort, solide et décisionnel dans la vie pour ne pas se laisser faire, pour ne pas se laisser avoir par les autres.

Aussi, à la moindre contrariété, quand les événements ne se déroulaient pas comme il le voulait, quand les êtres autour de lui, et surtout ses proches, ne se comportaient pas comme il le souhaitait, il explosait. Il sortait de lui-même, criait, partait en claquant la porte ou en distribuant des gifles et des coups de pied sur son passage. Toute la maison tremblait et son entourage se pétrifiait, craignant le pire de cet homme.

Le pire, personne n'en avait clairement parlé dans cette famille, car le pire ne portait pas le même nom pour la mère, sa femme, pour sa fille ou pour ses proches et ses connaissances.

Le pire pour sa fille, la jeune Nessava, sans qu'elle puisse toujours le reconnaître clairement, était la peur d'être agressée dans son corps de femme.

Le pire grandit en elle quand elle commença à devenir femme, que sa poitrine poussa, devint si visible qu'elle se sentit menacée dans sa vie intime, par des changements dans les regards qui l'accompagnaient dans la rue, par la perception d'un désir plus insistant, plus gênant qu'elle ressentait chez les garçons et les hommes qui l'entouraient.

Vous savez comme moi que c'est un passage difficile pour une petite fille que celui du début de la puberté, quand le corps se modifie, que l'apparence se transforme, que des vagues de contradictions surgissent : « Je veux et je ne veux pas », « Je dis non et je voudrais dire oui », « Je veux être reconnue, mais je ne veux pas me montrer », « Je veux être capable de tout réussir et je suis pleine de doutes… »

Nessava, très tôt, après sa puberté, avait senti que le regard des hommes se portait souvent sur sa poitrine qui prenait beaucoup de place dans son corsage. Elle prenait soin de cacher son corps dans des robes informes, des pull-overs trop larges, des habits disparates…

Déjà, quelques mois auparavant, elle s'était dicté à elle-même l'injonction suivante : « Je ne veux pas avoir d'enfants, moi je n'aurai pas besoin d'avoir des enfants ! »

Elle sentait confusément qu'elle ne voulait pas faire vivre à ses propres enfants les angoisses, les terreurs qu'elle avait elle-même vécues dans sa propre enfance.

Vous allez certainement me demander : « Et sa maman dans tout cela, que faisait sa maman pour sa fille ? »

Rassurez-vous, la maman faisait beaucoup de choses, beaucoup trop même ! Étant elle-même très anxieuse, elle déposait sur sa fille ses angoisses et ses désirs sous forme de soins, d'attentions, de préoccupations permanents. Elle veillait sans cesse à contrôler les déplacements, les actions, les intentions de sa fille.

Tout se passait comme si elle voulait garder sa fille sous son contrôle, l'empêcher de grandir, d'être autonome, de s'éloigner ou de tomber sous l'influence de quelqu'un d'autre.

Pour se protéger d'un danger qu'elle cernait mal, Nessava, le soir, dans sa chambre, mettait une chaise contre la poignée de la porte. Plus tard elle réclama un verrou, prétendit qu'elle avait peur du noir, qu'elle voulait garder la lumière allumée, craignant une intrusion, l'irruption d'un danger qu'elle n'arrivait pas à situer ni à nommer.

Après un incident entre elle et son père, dont elle ne voulut jamais reparler, en quelques semaines sa poitrine diminua des trois quarts, son corps redevint celui d'une petite fille, comme si elle disait au monde entier : « Voyez, je suis petite, vous ne pouvez me faire de mal ! » Elle commença à maltraiter son corps en le privant de nourriture.

Cela dura des années, jusqu'au jour où elle rencontra un homme, qu'elle aima, dont elle fut aimée et avec qui elle aurait voulu un enfant.

La suite de l'histoire, je ne la connais pas. Ce que je sais, c'est que Nessava a décidé un jour de parler à son père, non seulement de lui parler, mais de se faire entendre de lui.

Jusqu'alors elle avait tout ravalé, n'osant l'affronter, redoutant de déclencher ce qu'elle craignait le plus : la colère, le rejet, le non-amour de son père.

Elle avait entendu dire qu'il était possible de symboliser, c'est-à-dire de représenter par des objets auxquels on donnait un sens précis, une violence reçue, un sentiment blessé, un besoin maltraité, un désir refoulé…

Elle rassembla quelques objets auxquels elle donna un sens en relation directe avec les ressentis de sa propre histoire et qui représentaient les différentes formes de violence qui s'étaient inscrites en elle au cours de son enfance. Violences vécues par elle comme venant principalement des attitudes de son père à son égard.

Aux dernières nouvelles, elle s'interrogeait : « Comment vais-je pouvoir lui restituer toutes les phrases de disqualification, les dévalorisations, les jugements négatifs, les remarques à double sens qu'il a déposés sur moi ? Et s'il ne comprend pas ? S'il se met en colère, s'il se blesse ? S'il fait une dépression ? S'il croit que je suis folle ?… »

Comme vous le voyez, Nessava, peu sûre d'elle, met en plus des résistances, des obstacles entre elle et son père pour tenter d'éviter, d'atténuer la confrontation avec lui.

Car c'est bien de cela qu'il s'agit, d'une confrontation et non d'un affrontement entre une fille et son père. D'une tentative de mise en mots qui ne doit pas être confondue avec une mise en cause de l'autre, qui autrement se défend, refuse, nie ou rejette.

Une confrontation dans laquelle une ex-petite fille, un enfant, pourrait dire à son géniteur : « J'avais besoin, j'aurais voulu un papa rassurant, bienveillant, protecteur et j'ai eu tout au long de mon enfance un père inquiétant, menaçant, que je vivais comme dangereux, duquel je sentais que tout pouvait surgir, qui pouvait à tout moment perdre le contrôle, qui pouvait, oui, qui pouvait, et cela était mon angoisse la plus indicible, qui pouvait, qui aurait pu se comporter comme un homme avec moi et non comme un père… »

Non, je ne sais pas ce que fera Nessava.

Cela lui appartient. Cela fait partie de ses choix de vie, de sa liberté d'être.

Le conte de la petite fille qui était ce qu'elle était….

L'enfance devrait être un royaume unique dans lequel chaque enfant pourrait grandir, développer ses possibles et devenir ce qu'il est avec le soutien et la liberté d'être de tous ceux qui l'entourent.

Il était une fois une petite fille qui s'appelait Okinestha. Ce qui voulait dire dans la langue de son pays « rayon de soleil déposé sur le miel de la vie ».

Dans ce pays-là en effet, on donnait aux enfants des noms simples, qui avaient du sens. Tous les parents avaient le souci de donner un nom qui contenait un message important en direction de leurs enfants, un message positif susceptible de les guider tout au long de leur vie. Je sais que dans d'autres pays, comme le nôtre par exemple, on donne un prénom attaché à une tradition familiale, ou encore un prénom à la mode porté par une actrice, un acteur, un personnage populaire ou encore le nom d'un saint, d'une sainte dont on espère qu'il veillera sur l'enfant.

Les habitants de ce pays croyaient en un dieu personnel. Un dieu bienveillant, protecteur et juste. Même si chacun était persuadé que son dieu était le seul, le meilleur et surtout le plus compréhensif, ils avaient beaucoup de respect et de tolérance pour les dieux des autres croyances, qui eux aussi à leur façon avaient tous d'excellentes qualités, surtout aux yeux de ceux qui les honoraient.

Mais revenons à Okinestha. Le message contenu dans son prénom semblait avoir été bien reçu par cette enfant. C'était une petite fille pleine de ressources, douce et très vivante.

Comme chaque matin, ce jour-là, elle courait déjà partout dans la maison, sautait, lançait ses bras en l'air, faisait des pirouettes, des cabrioles, grimpait les marches des escaliers trois par trois et les descendait en se laissant glisser sur la rampe. Soudain elle dévala la rue à toute vitesse sur son vélo, fit un demi-tour en un clin d'œil puis repartit en sens inverse, pour freiner juste devant le marchand de journaux. Et là elle lança une pièce de monnaie au vendeur, lequel, étant habitué, l'attrapa d'une seule main et de l'autre lui lança le journal déjà plié en huit, qu'elle mit aussitôt entre ses dents. Tout cela en continuant à pédaler sur place. Puis, comme mue par un ressort, elle repartit à toute vitesse jusqu'à la maison de ses grands-parents. Là elle jeta son vélo sur la pelouse, sauta par la fenêtre ouverte du salon et d'une seule glissade très élégante, les deux pieds bien joints, elle arriva jusqu'au fauteuil de son grand-père, lui mit une main sur les yeux et de l'autre déposa le journal sur ses genoux. Elle repartit d'un bond et je ne peux vous dire (car je suis un peu essoufflé) tout ce qu'elle fit encore dans la matinée, dans l'après-midi et jusque tard dans la soirée. Un livre tout entier n'y suffirait pas.

Donc, vous l'avez deviné sans peine, Okinestha était très turbulente. Je sais, le mot est un peu faible pour la caractériser, mais je n'en ai pas d'autres pour l'instant. Je laisse ici un peu de place pour que vous puissiez, vous qui me lisez, noter d'autres termes qui vous sembleraient plus appropriés.

Comme vous pouvez l'imaginer sans peine, la grand-mère d'Okinestha, qui élevait sa petite-fille, était en fin de journée absolument épuisée. Épuisée par le tourbillon qui passait à tout moment devant, derrière, au-dessus, au-dessous d'elle. Fatiguée de se demander ce que celle-ci allait encore pouvoir inventer ou faire. Inquiète aussi de tout ce qui risquait de lui arriver si elle tombait, heurtait un meuble, se faisait renverser ou encore provoquait un accident, tant Okinestha était imprévisible.

Ce soir-là, après le repas, elle demanda à Okinestha de s'asseoir sur ses genoux. Ce que la petite fille fit sans hésitation en sautant à pieds joints dans le giron de sa grand-mère et en posant sa tête contre sa poitrine, tout en tortillant un bout du corsage de la vieille dame.

« Okinestha, je voudrais te faire une demande. »

La petite fille hocha la tête en signe d'accord.

« Je voudrais que tu acceptes d'ajouter quelque chose à ta prière du soir, quelque chose d'important. »

Okinestha continua à hocher la tête, manifestement toujours d'accord.

« Pourrais-tu demander à ton dieu, celui auquel tu crois, qu'il fasse de toi une petite fille très sage ? Une petite fille qui apprenne à marcher lentement, à ne pas sauter à tout instant, à faire du vélo sans vouloir à tout prix faire une course d'obstacles, à s'arrêter devant les gens et les saluer gentiment, leur dire bonjour et un mot gentil : "Comment allez-vous, avez-vous passé une bonne nuit, votre chien est-il guéri ?"

– Oui, mais s'ils n'ont pas de chien, qu'est-ce que je vais leur demander ?

– Là tu inventes, tu peux leur demander s'ils sont contents du temps qu'il fait, s'ils ont reçu des nouvelles de leur parenté.

– Et si leur enfant est mort comme le fils de notre voisine, Mme Simba, je peux lui demander s'il est heureux au ciel ?

– Je ne sais pas si tu peux aller jusque-là, mais pour l'instant demande à ton dieu d'être gentille et sociable avec les gens que tu rencontres. Pourrais-tu lui demander aussi de t'inviter à ne pas transformer ton lit en trampoline, ni le salon en patinoire ou les escaliers en piste de ski ?

– Grand-mère, tu crois que je peux lui demander tout cela ? Tu m'as dit une fois qu'il était très occupé à essayer de réparer tous les malheurs du monde, de diminuer les injustices, d'éviter que les guerres ne durent trop longtemps, que les famines qu'il y a dans le monde disparaissent ! Cela fait beaucoup de travail pour un seul dieu ! Tu ne crois pas que je risque de l'embêter avec ces petites choses sans importance ?

– Je crois savoir que Dieu a beaucoup de patience, qu'il dispose de beaucoup de moyens que nous ne connaissons pas, et je suis persuadée que si tu lui demandes de devenir une petite fille plus sage, dans une prière sincère, je crois qu'il t'écoutera, car je sais qu'il accorde beaucoup d'attention et d'importance aux enfants.

Mais, grand mère, tu as dit une fois que Dieu devait être un peu sourd et aveugle parfois quand il laisse faire les terroristes avec tous ces attentats !

– Ce n'est pas tout à fait le même problème. C'est très complexe à comprendre, même pour des adultes. Les terroristes ont souvent un dieu, parfois le même ou, s'ils ont des croyances différentes, un dieu qu'ils appellent par un autre nom, auquel ils demandent parfois de l'aide pour que leurs attentats réussissent. Mais là n'est pas la question, ma chérie. Toi, es-tu d'accord pour demander à ton dieu de devenir une petite fille calme, sage et tout à fait sociable ? »

Okinestha accepta et promit d'ajouter toutes ces demandes à sa prière du soir.

Un peu plus tard, quand sa grand-mère vint l'embrasser dans sa chambre, celle-ci lui demanda :

« As-tu prié Dieu ?

– Oui, grand-mère. J'ai prié très fort, à haute voix pour qu'il m'entende bien !

– Et qu'as-tu demandé ?

– Exactement ce que tu m'as dit. Je lui ai demandé de faire de moi une petite fille très sage, pas turbulente comme tu dis souvent. De me rappeler de marcher lentement, de saluer, de dire un mot gentil aux gens que je connais et même à ceux que je ne connais pas ! J'ai prié très fort ! Même que le chat s'est endormi pendant ma prière, au lieu d'attendre que j'aie fini pour jouer avec moi avec le bout de ficelle rouge ! »

Sa grand-mère l'embrassa et la félicita.

Mais le lendemain, Okinestha recommença à sauter, courir, danser, à faire du gymkhana avec son vélo en allant chercher le journal de son grand-père chez le marchand de journaux...

À la fin de la journée, sa grand-mère lui demanda :

« Okinestha, je croyais que tu avais prié avec ferveur hier au soir.

– J'ai vraiment prié, grand-mère. J'ai prié Dieu très fort, mais s'il n'a pas fait de moi une petite fille très calme, très sage, c'est que soit il ne peut pas, soit il veut que je sois comme je suis ! »

La grand-mère resta silencieuse. Elle savait que si Dieu était Dieu, ce n'est pas qu'il ne pouvait pas, donc c'est qu'il voulait, probablement, que sa petite-fille soit comme elle était. Le soir dans son lit, elle repensa à la réponse d'Okinestha. Elle resta longtemps songeuse. Elle revit une partie de son enfance quand, toute petite fille, elle imaginait qu'elle aurait plus d'amour de ses parents si elle était sage, tranquille et studieuse. Elle croyait, à cette époque, qu'elle serait plus aimée, si elle n'était pas... ce qu'elle était, si elle devenait autre pour faire plaisir à ses parents et à toute sa famille !

Alors, ce soir-là, elle fit une prière pour elle toute seule, dans laquelle elle demanda que sa petite-fille reste vivante, alerte, pleine d'énergie. Elle se rappela avoir lu dans un conte que derrière toute peur il y a un désir. Aussi décida-t-elle que, dès le lendemain, quand elle aurait peur que sa petite-fille se blesse ou soit renversée, elle pourrait s'appuyer sur son désir. Le désir qu'Okinestha puisse vivre sa journée en étant heureuse, joueuse, pleine d'énergie, et s'endormir le soir avec une belle fatigue qui serait réparée dans la nuit, pour pouvoir recommencer le lendemain à courir, danser, sauter, c'est-à-dire être elle-même.

Pour pouvoir être soi-même à chaque moment de sa vie, à tout âge, dans toutes les saisons de son existence.

Le conte d'un amour en Provence

Il ne suffit pas d'aimer et d'être aimé. Encore faut-il que chacun de ces amours s'accorde, vibre et scintille à l'unisson dans l'espace intime de chacun.

Il y a quelques années, quand un très jeune amour, encore inexpérimenté, se déposa si doucement, si délicatement dans le cœur de Marion, il ne savait pas qu'il allait vivre un certain temps de solitude car, à cette époque, cette jeune fille n'aimait qu'elle-même. Aussi tout son corps envoyait-il des signaux de refus, d'indifférence, de lassitude ou de moquerie plus ou moins perfides qui décourageaient l'approche de ceux qui auraient tenté de s'intéresser, de s'ouvrir à elle. Elle vécut ainsi longtemps, avec au fond d'elle-même, sans le savoir, un amour en attente d'être reconnu et aimé à son tour.

Cette année-là, dans un autre pays que celui où vivait Marion, un amour doué de beaucoup d'énergie entra dans le cœur d'un homme nommé Olivier. Comme pour Marion, à l'insu de celui-ci, il se déposa dans un coin peu connu de son cœur et scruta attentivement l'horizon des rencontres de celui qu'il habitait désormais, dans l'espoir de s'élancer vers un amour sœur ou, au moins, un amour de réciprocité. C'était, vous l'avez compris, un amour actif, qui ne voulait pas rester seul et qui cherchait un autre amour, plutôt féminin !

Aussi, quand au début de l'été 2003 Olivier et Marion furent en présence l'un de l'autre, sans même se regarder, sans même se voir, comme vous allez l'apprendre, les deux amours qui les habitaient, celui de Marion qui s'ennuyait ferme et celui d'Olivier qui était le plus impatient, s'envoyèrent des signaux avec une fougue si détonnante qu'ils furent reçus avec une intensité inouïe en plein cœur. Intensité si forte qu'elle amorça un changement, modifia et transforma durablement, comme vous allez le découvrir, la vie de deux êtres. On nomme ce genre d'événement intime un coup de foudre. Mais, dans ce cas exceptionnel, il y eut plus de foudre que de coups !

La scène se passa en Provence, près des Alpilles, dans l'obscurité fraîche d'un lieu superbe, appelé la Cathédrale d'images. Si vous ne connaissez pas encore cet endroit magique, je peux vous dire simplement que l'entrée est située au pied d'une falaise blanche, proche du village des Baux-de-Provence. D'ailleurs tout le monde vous en indiquera l'adresse avec enthousiasme. Il s'agit d'anciennes carrières en pierre blanche, dans la pénombre desquelles sont projetées chaque année, autour d'un thème central, une féerie d'images et de musiques qui vont illuminer votre âme.

Marion, entrée une des premières ce matin-là, découvrait cet endroit pour la première fois et se laissa aspirer par les superbes projections de diapositives sur les grands glaciers du globe.

Du pôle Nord au pôle Sud, de l'Alaska à l'Himalaya, de la Sibérie aux Andes, de la Patagonie aux Alpes millénaires, l'éclat bleuté des glaces, le scintillement doré des neiges éternelles, le mystère des crevasses infinies, habitées d'ombres et de lumières étranges, les jeux du soleil et de la nuit, la danse des nuages, le tout présenté avec des milliers de photos diffusées par des dizaines de projecteurs sur les parois d'une grotte immense avait quelque chose de féerique. La Cathédrale d'images, il faut le dire, est située hors du temps. C'est un dédale souterrain de carrières de pierre, depuis longtemps désertées par les tailleurs de pierre et les bâtisseurs de fermes fortifiées bordant le Rhône jusqu'à la mer et dont les ruines de dizaines de forteresses médiévales et de châteaux qui subsistent encore en Provence et en Luberon attestent l'art.

Chaque année, depuis deux décennies, durant tout l'été, se déroule un spectacle unique, constitué par la projection simultanée, sur les parois rocheuses de ce lieu magique, d'un montage d'images et de sons, dont les thèmes sont puisés dans tous les domaines de la beauté naturelle et de la créativité des hommes. En cette fin de matinée, au début du mois de juillet, alors qu'il faisait déjà à l'extérieur 30 ° à l'ombre, une chorégraphie subtile de glace et de neige, de cieux enflammés et d'eau scintillante, d'horizons et de lumières, s'offrait au plaisir de quelques dizaines de personnes, dans une symbiose qui leur permettait d'oublier durant quelques heures non seulement la canicule extérieure, la sécheresse des garrigues et les ombres douces des vallons du plein été des Alpilles provençales, mais l'époque et le temps dans lesquels elles vivaient.

Le montage musical qui accompagnait ces projections donnait envie de s'élever, de se fondre, de devenir soi-même eau, neige éternelle, glace scintillante, de s'abandonner dans l'infini de chacune des molécules d'une matière qui paraît à la fois si fragile et si puissante.

Marion se laissait porter, entraînée au cœur d'un merveilleux qui éblouissait ses yeux, réveillait tous ses sens, lui donnait envie de rire et de pleurer, de s'ouvrir au meilleur d'elle-même.

Olivier était arrivé un peu plus tard dans la matinée, au moment même où Marion amorçait un deuxième tour pour s'emplir encore de beauté, de tendresse, d'émerveillement et de cette sorte de nostalgie qui se dépose en nous quand nous sommes confrontés à la générosité infatigable de notre planète. Cette même planète qui avait accueilli la vie, il y a quelque quatre milliards d'années, et donné un premier berceau à l'homme, lequel s'autorisait depuis à la maltraiter avec une constance aveugle et plus rarement à l'honorer, depuis un peu plus de quinze mille ans.

Depuis quelques instants, Marion et Olivier, sans le savoir, étaient l'un près de l'autre, tout proches à se toucher dans l'obscurité traversée d'éclats de lumière et de musique.

Le ballet des photos se déposait successivement sur des falaises blanches comme la craie, dans les replis des terrasses, sur la paroi écorchée par des failles insondables, contre d'immenses piliers, sur les plafonds fuyants des salles aux dimensions d'infini.

Les deux amours qui vivaient en eux, comme je vous l'ai déjà dit, depuis quelques années, sans avoir pu s'épanouir, se sentaient prêts à s'exprimer. L'un sans réticence aucune, l'autre avec curiosité. Ils établirent aussitôt le contact. Et ce fut comme une illumination à l'intérieur de chacun.

Chez Marion une vague immense de douceur. Comme si, d'un seul coup, la totalité de son corps se réconciliait avec les différentes parties de son être tels les morceaux d'un puzzle éclaté qui enfin se reconnaissaient, s'ajustaient, s'harmonisaient.

Chez Olivier, ce fut une bouffée de chaleur, des picotements au bout des doigts, la sensation soudaine de rayonner, d'être plus vivant, plus sensible à tout ce qui l'entourait.

Sans même s'être vus, ils semblaient s'être reconnus. Marion suivait Olivier, le frôlait, l'enveloppait de son souffle ; Olivier croisait Marion, se fondait dans son ombre, dessinait avec ses mains des arabesques d'émotions, jusqu'à l'instant où, l'obscurité devenant plus fluide, comme liquide, à la vue d'un lac glacé qui aurait pu être au Québec ou en Russie, ils s'écrièrent en même temps : « Comme c'est beau ! Comme c'est beau ! » Et l'écho de leurs voix mêlées résonna en chacun, du côté du cœur. Sans se voir, ils échangèrent encore quelques impressions communes, accordées, puisées aux mêmes vibrations d'une émotion partagée.

Et leurs voix s'harmonisaient, soutenues par la musique de Claude-Michel Schönberg, auteur de plusieurs comédies musicales comme *Les Misérables, Miss Saigon* ou encore de la musique du *Retour de Martin Guerre*, qui se déversait en cascade autour d'eux…

Et puis soudain, dans le faisceau croisé d'une rivière de glace et d'un ciel himalayen, ils purent se voir enfin, face à face.

« C'était vous, murmura Olivier.

– C'est donc vous ! » chuchota Marion. Et très vite, elle ajouta : « Je ne veux pas vous perdre…

– Je ne peux plus vous perdre », s'entendit-il répondre en écho.

Elle prit la main du garçon et la posa un instant contre sa joue, tout près de ses lèvres. Il avança d'un pas, toucha son front, laissa glisser son doigt le long de ses cheveux, recula pour sentir seulement sa présence dans l'obscurité revenue. Elle n'avait pas lâché sa main, la retint…

À l'intérieur de chacun, comme vous pouvez l'imaginer, il y eut beaucoup de remue-ménage, d'émotions et de désirs croisés. Les amours qui les habitaient échangèrent des signaux. Ce qui se passa fut semblable à la rencontre de deux notes de musique qui pouvaient s'accorder, jouer un instant à se chercher, virevolter autour d'eux, prêtes à se mélanger, s'offrir l'une à l'autre dans l'intensité d'une éternité, dans la densité d'un cheminement qui devait se prolonger, même si aucun des amoureux ne le savait encore, de longues années, de très longues années. Car il paraît que les amours naissant au plein de l'été engrangent toute la plénitude des énergies de la vie, et peuvent ainsi durer au-delà de l'éternité.

Ils sortirent ensemble au grand soleil des Baux. Le monde leur sembla différent, changé, apaisé.

Depuis cette année-là, si vous allez aux Baux-de-Provence au début du mois de juillet, vous pourrez peut-être apercevoir un homme et une femme, très proches l'un de l'autre, soudés, amarrés par leurs amours, qui semblent se baigner, longuement immobiles, dans la lumière de chaque projection, qui s'enlacent, ombres dansantes, soudées l'une à l'autre dans la mouvance des éclats de couleur et de gerbes de musique, qui se sourient, se parlent, au plus près l'un de l'autre. Et si vous prêtez l'oreille, peut-être, peut-être entendrez-vous les chuchotements complices, les éclats de rire et de tendresse des deux amours qui les habitent et qui se réjouissent encore aujourd'hui d'avoir pu se rencontrer et s'offrir depuis des années le meilleur de leur vitalité.

Le conte de l'homme qui devint un arbre

Nous sommes plus que ce que nous croyons être, même si nous ne le savons pas toujours.

Il arriva un jour qu'un homme qui aimait beaucoup la nature et qui s'en trouvait très éloigné, non qu'elle ne soit pas proche de lui, mais parce qu'il voyageait beaucoup, il arriva donc que cet homme voulut devenir un arbre. Il avait rêvé à plusieurs reprises de prendre racine, de laisser se tisser des fibres de bois en lui, de devenir un chêne ou un tremble de Chine, ou mieux encore un hêtre. De devenir ou d'être, au choix, soit un arbre solitaire, solidement implanté au milieu d'un champ de verdure, de préférence proche d'un lac pour pouvoir y baigner ses racines, soit encore un arbre d'avant-garde, à la lisière d'une forêt, tout près de ses semblables et en même temps un petit peu en avant, face au soleil levant, pour en recevoir les premiers rayons.

Sa transformation en arbre se fit plus vite qu'il ne l'avait imaginé, sans aucune préparation. Au cours d'une nuit sans lune, quand il se réveilla au petit matin encore embué de l'humidité de la nuit, il vit que ses pieds s'étaient transformés en racines. Son corps massif, épais, vrillé par une distorsion de sa colonne vertébrale (souvenir d'une tuberculose osseuse précoce), était devenu un tronc noueux d'arbre quasi centenaire, puissant et couvert d'une ramure qui s'étendait sur une circonférence de plus de trente mètres. Le tout solidement implanté au milieu de son jardin. Un jardin qu'il connaissait bien, car il y avait lui-même planté beaucoup, beaucoup d'arbres. Ses enfants tenaient à jour un registre très épais, sur lequel étaient consignés tous les arbres qu'il avait mis en terre dans sa vie d'homme.

Il se trouvait donc au milieu de compagnons connus. Tel le micocoulier là, à gauche. Il se souvenait bien quand il l'avait planté, un jour de novembre où le vent soufflait en rafales joyeuses qui faisaient s'envoler par-dessus la colline voisine les dernières feuilles de cet arbre encore jeune qu'il s'efforçait d'enfouir avec beaucoup de soins. Et là aussi, devant lui, le néflier aux feuilles si fines, si ardentes. Et encore le mûrier généreux qui répandait son ombre sur un érable du Japon fragile comme de la dentelle. Et cet arbre curieux, constitué de cinq troncs, qu'on appelait cinq brins, une espèce particulière qui a le pouvoir (ou l'habileté) d'attirer près de lui les mélèzes. Auprès d'un cinq brins, il y a toujours un mélèze chargé par le vent de le secouer pour que la neige en hiver ne se bloque pas au creux de ses cinq bras et ne le fasse éclater. Un arbre intelligent, sociable, qui sait s'entourer d'un compagnon fidèle, fidèle comme le mélèze qui l'empêche de mourir gelé.

L'homme dont je vous parle ne semblait pas gêné de sa nouvelle condition d'arbre. Il trouva naturel de sentir les larges branches du bas lui cacher la vue des maisons voisines alors que celles du haut lui permettaient de voir, au-delà des toits, le massif du Luberon qui s'étirait à l'horizon vers le sud. Masse ronde et ondoyante, violette à cette heure du jour.

La terre de son jardin sembla l'accueillir avec bienveillance, ses racines s'enfoncèrent doucement dans les huit directions essentielles à la vie : celles du rêve, de l'espoir, du passé, du futur, du présent, de l'amour, du courage et de la mort. Un peu plus tard dans la matinée, il sentit qu'il faudrait bientôt ajouter une nouvelle direction, celle du bonheur simple et bienveillant.

Il passa la journée à savourer le plaisir d'être vivant au présent de sa vie d'arbre, qui, comme vous ne le savez peut-être pas, a un rythme très lent, extrêmement lent, où l'immobilité est plus qu'une vertu : c'est un signe de vitalité, de sagesse et de paix.

La nuit lui enseigna le goût du silence et des odeurs, et l'aurore lui apporta les premiers nourrissements subtils de la lumière, les mutations de l'oxygène, le souffle vivifiant du vent. Au deuxième matin, des oiseaux lui apprirent à apprivoiser la musique de la nature qui, comme chacun le sait, est une grande fervente de l'harmonie. Un peu plus tard, la pluie lui révéla la vibration ardente des voyages immobiles. Les regards affectueux de quelques passants, traversant un chemin proche, lui transmirent de l'amour.

Plus tard encore, il sentit les mouvements imperceptibles des saisons, le frémissement sourd et vaporeux du grondement d'un avion volant à dix mille mètres d'altitude, le bourdonnement des insectes, le grignotement de quelques rongeurs, des effluves lointains d'humidité apportés par les nuages. La lumière étincelante du midi lui offrit les palpitations d'un papillon et l'ombre éphémère d'une aile d'oiseau, haut dans le ciel.

Il découvrit aussi l'infinie tristesse apportée par la rumeur imperceptible des tempêtes insouciantes venues des bords de l'univers. Il s'ouvrit aux odeurs, à une foultitude d'odeurs venues des quatre horizons, à des jets de lumières et à des plages d'ombres.

Il faut beaucoup de temps pour cesser d'être un homme quand on devient un arbre. Il faut de la patience pour se durcir et se fondre dans les fibres denses qui cisèlent le cœur d'un arbre et celles plus tendres de l'aubier ; pour sentir l'écorce vibrante, sans cesse en mouvement, en expansion sous les pulsations de la sève.

Avec le temps, il connut la brutalité aveugle de ceux qui ne savent rien de la vie intime d'un arbre, l'amertume des douleurs apportées par les coups et les heurts, les pollutions diverses, les violences de l'indifférence.

Il découvrit que la vie d'un arbre est le réceptacle d'un nombre considérable d'événements, qui passent pour la plupart inaperçus aux humains. Il faut d'ailleurs toute une vie d'arbre pour les accepter, les intégrer et être capable de les transmettre à certains humains susceptibles de les accueillir. Chaque arbre acquiert ainsi une sagesse infinie, polie au rythme des saisons.

Si un jour vous mettez votre front ou votre oreille contre le tronc d'un arbre, vous entendrez peut-être quelques-uns des échos et des résonances qui disent les balbutiements du monde, quelques murmures aussi vous concernant pour affronter les possibles de votre vie.

Approchez-vous, serrez un arbre dans vos bras, respirez, écoutez en silence, prenez le temps de vous relier à sa vibration profonde.

Peut-être allez-vous sentir et découvrir que la vie d'un arbre est aussi importante que la vie d'un homme.

Le conte de la petite luciole qui avait toujours peur de quelque chose qu'elle ignorait

Même en sachant que derrière toute peur il y a un désir, il n'est pas toujours facile d'oser entendre son désir, ce qui fait que nous préférons souvent rester dans la peur.

Il était une fois une petite luciole très silencieuse, qui disait toujours à sa maman quand celle-ci lui demandait, en voyant son regard triste :

« Mais à quoi penses-tu ?

– J'ai peur, j'ai peur… », sans pouvoir en dire plus.

Et comme toutes les mamans, au pays des lucioles, celle-ci voulait tout de suite la rassurer : « Mais, ma chérie, tu sais bien que tu n'as pas besoin d'avoir peur, que nous t'aimons, ton papa et moi, que nous sommes là pour te protéger. Tu vois bien qu'il ne t'est rien arrivé de grave depuis que tu es au monde. Nous sommes là pour t'aider à grandir… »

Alors la petite luciole s'enfermait à nouveau dans son silence, jusqu'à ce que sa maman lui demande à nouveau :

« Mais à quoi penses-tu ? Tu ne me dis jamais rien.

– J'ai peur, maman !

– Mais, ma chérie, tu n'as pas besoin d'avoir peur, je t'ai déjà expliqué cent fois qu'il ne peut rien t'arriver de grave, d'ailleurs ton papa et moi… » etc., etc.

Et la petite luciole redevenait silencieuse. Peut-être que si sa maman avait demandé à sa fille : « Tu me dis que tu as peur, pourrais-tu, avec l'aide d'un petit objet (ou d'un gros), représenter ta peur, me la montrer ? Comme cela je ne te confondrais plus avec elle ! Je te verrais toi et ta peur à côté de toi et je pourrais enfin l'entendre sans te confondre avec elle. »

Cette mère aurait pu agir ainsi si elle avait su qu'au pays des lucioles il est possible d'aider un enfant grâce à la visualisation, c'est-à-dire en représentant ce dont on parle avec un objet. Ainsi, en invitant sa fille à choisir un objet symbolisant sa peur, en lui proposant de le mettre à côté d'elle, puis en lui demandant : « Et toi, qu'est-ce que tu veux faire pour ta peur ? Est-ce que tu veux la garder ? Est-ce que tu préférerais qu'elle soit à un autre endroit dans ton corps ? Est-ce que tu aurais envie qu'on la jette à la rivière ou qu'on l'enterre auprès d'un arbre ? Est-ce que tu voudrais au contraire en prendre soin car, vois-tu, derrière toute peur il y a un désir à entendre ? »

Ainsi voyez-vous, comme beaucoup de parents au pays des lucioles, cette maman luciole aurait pu apprendre qu'elle disposait de beaucoup de moyens pour aider sa fille. Non pas en faisant pour elle, non pas en la rassurant ou en la surprotégeant, mais en lui proposant de faire avec elle !

Si nous voulons découvrir ce qui peut se passer dans la tête d'une petite luciole qui prétend avoir une peur qui l'habite, qui la taraude, qui l'envahit parfois au point de mobiliser toutes ses énergies, la visualisation est un bon moyen pour aider à cette découverte.

La plupart des parents ignorent ce qu'il y a dans la tête d'un enfant. Ils imaginent, ils s'inquiètent, ils veulent supprimer le malaise, mais comme ils ne sont pas dans la tête de l'enfant, le plus souvent ils échouent et se sentent impuissants à pouvoir l'aider réellement. Ils ne savent pas non plus quand cette peur est arrivée dans le corps de leur petite luciole. À la suite de quelles rencontres ? À partir de quels événements ? De quelles paroles prononcées au-dessus de sa tête ? De ce qu'elle a pu voir ou percevoir d'un mal-être chez l'un ou l'autre, d'un conflit dont elle se croit la cause ? Une phrase mal interprétée, une dispute peut-être entre ses parents et, à partir de là, la peur est entrée en elle, habitée de pensées douloureuses : « Et si jamais ils se quittaient, si jamais ils divorçaient comme les parents de ma copine Sabrina... qu'est-ce que je deviendrais ? »

Il peut arriver ainsi plein de choses dans la vie d'une petite luciole, tant de choses dont elle ne peut pas parler, justement et paradoxalement par peur d'inquiéter sa mère.

Car peut-être ne le savez-vous pas, au pays des lucioles, certains enfants, même tout petits, protègent leurs parents. Ils se sentent responsables d'eux. Dans leur tête, ils se disent : « Oh non ! Je ne peux pas dire à maman ce qui m'est arrivé, elle risquerait d'en mourir si elle savait... »

Certaines petites lucioles sentent également que leur maman est restée tout au fond d'elle-même une petite fille qu'il faut protéger. J'en connais beaucoup de ces petites lucioles courageuses qui prennent sur elles, très tôt dans leur enfance et tout au long de leur vie, la mission de protéger ainsi leurs parents.

Oui, je crois que la petite luciole à laquelle je pense est une petite fille très courageuse.

Peut-être un jour découvrira-t-elle enfin que derrière toute peur il y a un désir, et qu'elle entendra enfin d'où vient sa peur.

En attendant, j'ai écrit ce petit conte pour elle, rien que pour elle !

Histoire d'un cancer

Les maladies utilisent des langages complexes et labyrinthiques, souvent douloureux, pour dire ou ne pas dire l'insupportable ou l'indicible.

Il était une fois une ex-petite fille devenue femme qui, arrivant au mitan de sa vie, sentit un matin qu'elle avait sur le côté gauche, à l'intérieur de sa poitrine, une boule qui paraissait très dure. Chez son docteur, elle découvrit qu'elle portait dans son sein une espèce d'agglomérat de cellules anarchiques qui ne lui appartenaient pas réellement, mais qui s'étaient installées là, comme si elles étaient chez elles pour toujours !

Ce qui arrive dans ces cas-là, c'est qu'on trouve toujours un médecin et un chirurgien pour enlever ces cellules et débarrasser celui qui les porte de ce fardeau. Cette opération est très souvent une réussite, pour le plus grand soulagement de celui ou de celle qui les portait dans son corps, bien malgré lui. Pour son entourage aussi, qui se sent soulagé. Et pour la plupart des protagonistes d'une telle aventure, on en reste là... On dit lorsqu'on est guéri qu'il y a eu une rémission. On entend dire : « Je me suis débarrassé de mon cancer en six mois ! », « Heureusement que cette saloperie a disparu ! », « J'ai eu un cancer mais je me suis battu, j'ai réussi à le supprimer », « Aujourd'hui il est complètement parti ! » Mais, par la suite, il reste souvent une inquiétude diffuse, le sentiment qu'une menace plane toujours, que peut-être ce foutu cancer pourrait revenir, se réinstaller, occuper à nouveau les lieux…

Ceux ou celles qui ont entrepris une démarche d'éveil, de prise de conscience, un travail sur soi, pour pouvoir accéder au meilleur d'eux-mêmes, pour mieux se respecter, mieux se définir ou mieux se positionner face à cet intrus qu'on appelle le cancer, savent que les maladies sont des langages. Que l'arrivée d'un cancer peut être entendue comme une sorte de message envoyé à ceux qui le portent. Ceux-là utilisent parfois un objet symbolique qui représentera leur maladie. Pour pouvoir non seulement se différencier d'elle : « Il y a mon cancer et moi, et je ne veux pas être confondu avec lui », mais aussi pour l'écouter, pour tenter un dialogue (toujours symbolique bien sûr, mais réel tout de même) avec cet intrus qui habite leur corps.

« Je ne sais ce que tu cherches à me faire découvrir, mais cela doit être suffisamment important pour que tu tentes de me le faire entendre ainsi, avec autant de souffrance et de violence ! » Dialoguer, échanger avec son cancer, pour oser entendre ce que cette maladie (mal-à-dit) avait à nous rappeler, à nous transmettre comme message important. Vous allez me faire remarquer que « quand on sert », ce n'est pas pareil que « quand on serre » ! Et vous aurez tout à fait raison ! Les cancers ont non seulement des origines très diverses, mais aussi un sens particulier dans l'histoire de chacun.

L'intérêt d'un travail personnel sera de rechercher, d'écouter le sens possible de l'intrusion d'un cancer dans sa vie. Peut être que cette femme qui a passé l'essentiel de sa vie à servir les autres, à se nier pour répondre à tous leurs besoins et désirs, a-t-elle trop nié, étouffé ses véritables désirs, en satisfaisant ceux des autres, très tôt ceux de ses parents, puis plus tard ceux de ses proches, de son partenaire, de ses enfants... Bref, en ayant vécu une vie de vaillant petit soldat toujours en première ligne pour faire face à tous les problèmes présentés par les autres, mais en oubliant ou en niant les siens. Peut-être aussi cet homme habité par un cancer a-t-il maltraité les sentiments amoureux qu'il avait encore pour une qui l'avait quitté. Ou encore a-t-il accepté de suivre la voie professionnelle imposée par son père. Ou bien cette femme a-t-elle subi dans son enfance un abus sexuel dont elle n'a jamais pu parler et qui tente aujourd'hui de se crier avec un cancer de l'utérus. Est-ce ce harcèlement subi en silence, durant des années au bureau de la part d'un chef de service pervers ? Est-ce la pression permanente d'un partenaire conjugal jaloux, possessif, vindicatif ?

Nous pouvons imaginer aussi le corps aliéné de certaines personnes qui ont sacrifié leur vie, en se mettant au service des autres. De femmes, en particulier, entièrement vouées à un mari, à un père, à une mère ou dépendantes de missions à accomplir et dont le corps va se réveiller et dire à sa façon une révolte trop longtemps contenue. Car, aussi paradoxal que cela puisse paraître, avoir un cancer c'est avoir le droit de se plaindre, de réclamer que l'on s'occupe enfin de nous.

Je ne sais si chaque cancer s'organise chaque fois autour de tels schémas, mais je sais que tout cela est plausible, car chaque histoire est unique. Et même s'il faut se garder de généraliser, de faire des amalgames inconsidérés sur le surgissement d'un cancer dans l'histoire d'une personne, il est important d'être à l'écoute du sens qu'il a. Ce que je crois savoir, c'est que le seul fait de pouvoir symboliser, de représenter sa maladie par un objet auquel on va donner des soins, une attention particulière, faire des cadeaux – une rose, un air de Mozart, une promenade au bord de la mer pour lui montrer le soleil couchant sur les vagues, la lecture de poèmes –, tout cela, donc, modifie totalement son propre regard, son écoute sur la maladie et la façon dont on peut l'accompagner, non seulement avec un traitement médicamenteux ou chirurgical, mais également par des soins relationnels.

Je ne sais pas ce que feront l'une et l'autre de ces personnes, cela leur appartient. Je voudrais simplement leur rappeler ce que ma grand-mère disait : « Ce n'est pas ce qui nous arrive qui est important, mais la façon dont nous nous situons vis-à-vis de ce qui nous arrive et ce que nous en faisons… »

Je peux ainsi souhaiter une belle vie à ceux qui sont porteurs d'un cancer, s'ils acceptent d'écouter et d'entendre ce que tentent de dire, de crier, de hurler ces cellules malignes qui s'imposent en eux avec autant de force et de subtilité.

Histoire d'un psoriasis coquin et têtu

Quand le silence des mots réveille la violence des maux
et que le mal à dire va se murmurer ou se crier avec ce que
l'on va maudire.

Ce n'est pas tous les jours que vous entendrez l'histoire d'un psoriasis coquin, aussi je ne résiste pas au plaisir de vous la conter. Tout d'abord, savez-vous ce qu'est un psoriasis ?

C'est une maladie de la peau qui surgit chez certains humains, sans qu'on en sache la cause. Certains endroits du corps, le visage, le cou, les coudes, le cuir chevelu, les genoux ou des endroits plus sensibles encore, se couvrent de taches rougeâtres qui elles-mêmes se recouvrent de petites lamelles de peau blanchâtre, le tout accompagné d'irritations, de picotements.

Il était une fois un psoriasis très habile qui, au lieu d'apparaître comme c'est souvent le cas sur le visage d'un jeune garçon, telle une sorte d'enseigne, se montrait ou plutôt se cachait sur une autre partie, plus intime, du corps de ce jeune adulte.

Vous avez certainement déjà vu des enseignes. C'est une sorte de dessin en couleur ou en relief situé au-dessus de certains magasins, pour signaler que là se trouve un artisan, un marchand ou qu'ici se vend tel ou tel produit... Autrement dit, une enseigne dit à l'extérieur ce qui se passe à l'intérieur.

Je crois que la plus grande habileté de ce psoriasis très coquin – et vous allez probablement penser comme moi – avait été de se déposer sur les organes génitaux de ce jeune homme, autrement dit sur son zizi, qui se couvrait de taches rouges et pelait régulièrement. En plus de peler, son zizi le piquait et il avait envie de se gratter sans arrêt, ce qui n'est pas très facile à faire quand il y a beaucoup de monde autour de soi…

Vous imaginez la gêne qui pouvait être la sienne quand il voulait faire l'amour, quand il aurait voulu s'abandonner au plaisir, et que son psoriasis se manifestait par des démangeaisons, des picotements irrépressibles qui lui donnaient envie de se gratter, de se gratter !

Je dois vous dire qu'à mon avis, ce psoriasis voulait se faire entendre, qu'il ne voulait pas seulement être soigné par des pommades, par des pilules, des granules, des médicaments de toutes sortes, mais témoigner de quelque chose de très ancien qui était arrivé dans l'enfance de ce garçon. Aussi, quand il se manifestait par des irritations, des démangeaisons, des brûlures, c'était sa façon à lui d'exprimer un non-dit important, trop longtemps tu, comme s'il ne voulait pas être réduit au silence tant qu'il n'aurait pas été entendu. Je ne sais si vous avez déjà rencontré ou fréquenté un psoriasis ? C'est têtu comme une mule, comme une mule, vous dis-je !

Le jeune homme qui souffrait de ce psoriasis aurait bien voulu s'en débarrasser par tous les moyens. Il ne souhaitait plus vivre avec et même, s'il avait pu, il l'aurait tué (le psoriasis, pas son zizi) sans état d'âme !

Combat sans fin, combat perdu d'avance, car vous devez savoir comme moi qu'une mule têtue est encore moins têtue qu'un psoriasis têtu, ce qui n'est pas peu dire !

Pourquoi vous ai-je parlé de mule, au fait ? Allez savoir les chemins de l'inconscient ! Allez savoir comment retrouver dans l'histoire d'un homme de vingt-cinq ans l'événement, la circonstance, la parole, l'attitude d'un parent, d'un proche ou d'un enseignant, qui avait suscité chez lui une humiliation, une révolte, une colère si terrible. Colère d'autant plus violente qu'elle n'avait pu être exprimée, qu'elle avait été tout de suite censurée, étouffée, bloquée dans le corps apeuré d'un petit garçon…

Il faut être soi-même têtu pour oser commencer ce travail de fouilles, de recherches, d'archéologie, pour tenter d'entendre ce qu'un psoriasis veut nous dire, surtout quand il est têtu comme la mule du pape ! Mais est-ce bien de la même mule que je parle ?

Bon, laissons-nous aller à rêver, à supputer, à supposer que cet homme retrouve dans son passé, dans son histoire ou dans celle de ses parents, ce que la mémoire de son corps avait engrangé. Oui, supposons qu'il se souvienne de ce qu'il avait pris particulièrement soin d'oublier. Qu'en fera-t-il d'après vous ?

Peut-être pourra-t-il trouver un objet symbolique pour représenter la violence reçue et, avec cet objet, faire un paquet et restituer cette violence. Certains, parce qu'ils souffrent beaucoup, voudraient renvoyer la souffrance accumulée depuis des années, sans comprendre que celle-ci ne peut être restituée car, en quelque sorte, c'est nous qui la fabriquons. Nous fabriquons de la souffrance à partir de la violence reçue. Nous pouvons donc rendre cette violence si nous ne voulons plus entretenir notre souffrance. La rendre à celui ou celle qui a déposé en nous, dans notre corps, cette violence première et que nous avons gardée, engrangée parfois depuis de longues années.

Chez cet ex-petit garçon, la violence avait ouvert une blessure qui « parlait » aujourd'hui par un psoriasis, et cette blessure se criait au travers d'un banal psoriasis, mal placé ou au contraire très bien placé pour indiquer, justement, l'endroit précis où s'était engrangée cette violence, il y a très longtemps, dans l'enfance même de ce jeune homme.

Tout cela paraît un peu labyrinthique, mais il suffit de suivre le chemin, non pas à partir d'un point de départ mais à partir d'un point d'arrivée : maladie (douleur, souffrance) qui est le langage de la blessure (malêtre, dysfonctionnement), qui elle-même est l'endroit où s'est inscrite une violence verbale, physique, morale ou psychologique reçue dans l'enfance.

Peut-être cet homme encore jeune pourra-t-il se donner les moyens de retrouver celui ou celle qui a déposé la violence première, ou retrouver sa trace, ou même sa tombe si cette personne est décédée…

Peut-être osera-t-il prendre le risque de se dire, de se positionner, de s'affirmer, de se définir et de se donner les moyens de restituer symboliquement, au travers d'un objet, cette violence déposée en lui… il y a bien longtemps dans son enfance.

Peut-être !

À mon avis, le plus difficile est d'oser restituer cette violence à l'autre, quand cet autre est un proche parent (comme sa propre mère, si cette violence concerne quelque chose qui s'est passé entre lui et elle… surtout s'il l'aimait). Quelque chose qui n'a jamais pu se dire et qui, cependant, a trouvé aujourd'hui le moyen de s'exprimer au travers d'un psoriasis coquin… et têtu !

Histoire sans fin

Nous sommes des êtres de parole et de silence, qui cheminons parfois tout proches, mais rarement au même moment sur quatre chemins qui s'appellent : Oser demander, Savoir donner, Pouvoir accueillir et Prendre le risque de refuser.

Il était une fois, sur une planète proche de la nôtre, une femme nommée Houi d'Akor, qui appartenait à la tribu des Tousedir. Une tribu apparentée à celle des Biendansapo, des Tankonalasanté, également cousins des Tankejépaessayéjekontynu et des Jyariverékanm'm. Et bien d'autres encore, comme la fameuse tribu des Jemefékonfianz, dans lesquelles les enfants, très tôt, apprenaient à oser exprimer leurs sentiments, à dire leurs émotions, à témoigner de leurs ressentis, à se positionner et s'affirmer face à autrui, sans aucune gêne.

Houi d'Akor rencontra un jour un homme, qui s'appelait Syl Ancieu, de la tribu très connue des Rienadir.

Très rapidement elle sentit qu'elle avait pour lui des sentiments amoureux très forts et même le désir d'aller plus loin. Et comme il semblait l'aimer, même s'il ne s'était jamais exprimé clairement, qu'il recherchait avec constance sa présence, sans qu'il puisse jamais lui dire son souhait, alors elle osa faire le premier pas. Il y eut ainsi entre Houi d'Akor et Syl Ancieu plusieurs échanges intimes qui se transformèrent en rencontres amoureuses passionnées. Ces rencontres amoureuses, dans l'esprit de

Houi, devaient pouvoir se poursuivre et se traduire par une relation de couple et, pourquoi pas, par un mariage ! Ainsi Syl Ancieu accepta-t-il, quand elle lui eut parlé de son désir de vivre avec lui et, qui sait, de fonder plus tard une famille, de s'installer dans une maison avec elle.

La tribu de Syl Ancieu, les Rienadir, qui était non seulement connue mais aussi très nombreuse, comprenait aussi plusieurs clans tous apparentés depuis des siècles, tels le clan des Jospa, celui des Cépafacyl ou encore ceux des Jecrintout, des Cériendutout, Néprouvrien, Jypeurien, Tépamongenr et des Jyaarivveepa. Tous les membres, hommes, femmes, enfants, de ces clans avaient une particularité commune : ils ne se faisaient pas confiance, ni entre eux, ni encore moins aux autres. Cela se traduisait par une volonté de ne surtout rien dire de soi-même, de ne pas exprimer ce que l'on ressentait, de ne pas parler directement de ses pensées, de ne surtout pas montrer ses émotions. Tout cela de peur de paraître faible. Il n'est pas nécessaire d'ajouter que parmi les membres de cette tribu, les hommes surtout étaient incapables de dire les sentiments qu'ils auraient pu avoir si jamais ils en avaient eu. Ce qui arrivait parfois mais c'était vraiment très rare !

Vous l'avez compris, Houi d'Akor allait être en difficulté. Car elle découvrit très rapidement, au bout de quelques mois de vie commune, que l'amour n'est pas suffisant pour maintenir ensemble deux êtres dans la durée, qu'il faut quelque chose de plus : oser communiquer, c'est-à-dire accepter d'échanger, de partager, de mettre en commun et, pour cela, se parler, se dire et surtout avoir le sentiment d'être entendu par l'autre…

Il y avait en elle des sentiments très forts pour Syl Ancieu, qu'elle aurait voulu partager ou tout au moins exprimer. Elle aurait voulu lui parler des pensées qui s'agitaient dans sa tête, de son enfance, des souvenirs heureux qu'elle en avait gardés. Elle en arrivait à se demander : « Comment puis-je lui dire simplement Je t'aime sans qu'il se sente dérangé, sans qu'il prenne cela comme une intrusion dans sa vie, une agression ou une provocation ? Comment pourrais-je l'inviter à parler de lui, de sa jeunesse, de sa famille, de ses rêves ou de ses projets sans qu'il ressente cela comme une violation de son intimité ? Comment tenter d'amorcer un tout petit partage, sans me trouver confrontée au mutisme de mon partenaire, qui manifestement n'a jamais rien à dire, ne souhaite rien partager (en dehors des rencontres physiques) ? Un homme courageux, dynamique, qui se sent bien comme il est, mais qui ne veut rien changer à ce qui se vit entre nous ? » Pour Syl Ancieu, tout allait bien ainsi, parler n'était pas nécessaire. D'ailleurs, sitôt que Houi tentait une amorce d'échange, il se levait, s'agitait, avait toujours quelque chose à faire, qu'il paraissait urgent de régler.

Houi, après quelques tentatives pour l'inviter à se dire, qui furent vouées à l'échec, comprit que tout ce qui touchait aux relations humaines était un sujet délicat, dangereux à aborder. Aussi commença-t-elle à craindre de l'effrayer, de le bousculer, de le mettre mal à l'aise et renonça à lui parler d'elle, de ce qu'elle vivait, éprouvait, sentait. Elle qui faisait pourtant partie de la tribu des Tousedir, une tribu dans laquelle chacun avait la langue bien pendue comme on dit, c'est-à-dire qu'on ne la gardait pas dans sa poche. Une tribu où les uns et les autres, petits et grands, pouvaient se parler avec une grande facilité et liberté, sur tous les sujets de la vie. Houi en fut réduite paradoxalement à ne plus se dire, à ne rien dire, à s'interdire de parler d'elle et de lui. Elle censura ce qu'on appelle habituellement sur la Terre la communication, c'est-à-dire la possibilité de partager et de mettre en commun.

Au bout de quelques années, leur relation consistait à se quitter le matin pour aller travailler chacun de son côté, à rentrer le soir en se disant gentiment bonsoir, à sortir quelquefois pour se promener en marchant silencieusement l'un près de l'autre, à aller au restaurant uniquement pour manger, à s'installer devant la télévision et à regarder l'émission que Syl Ancieu choisissait de voir (il consultait le programme tous les matins avant de partir au travail pour savoir ce qu'il y avait le soir à la télé !). Ensuite ils allaient se coucher l'un et l'autre rarement à la même heure, car elle aimait lire. Parfois, bien sûr, ils faisaient l'amour (en général une ou deux fois par semaine) en silence. Syl s'endormait aussitôt. Ils arrivaient quand même à dormir l'un près de l'autre, après avoir réglé le réveil pour qu'il sonne à 6 h 45, car c'était l'heure de Syl. Cela lui permettait d'aller faire un peu de footing avant le petit déjeuner, qu'il prenait en lisant le journal.

À ce régime, Houi fut rapidement atteinte, sans le savoir, d'un syndrome très connu appelé « Rayprééçionimaginair ». Qui peut devenir par la suite une maladie redoutable, antirelationnelle au possible, qui fait qu'on ne s'autorise pas à dire ou à faire quelque chose pour soi, car on pense à l'avance que cela pourrait faire du mal à l'autre, ou qu'il ne sera pas d'accord, ou qu'il va nous juger et peut-être nous rejeter et ne plus nous aimer si nous exprimons le fond de notre pensée ou que nous parlons de ce que nous sentons au moment où nous l'éprouvons !

Contre cette maladie, il y avait un antidote peu connu, mais efficace, qui s'appelle « Jarêtedepançéralaplacedelotre ». Mais Houi ne se sentait pas prête à prendre cet antidote. Elle croyait naïvement que son partenaire conjugal allait un jour se réveiller, qu'il allait changer, comprendre et se mettre à parler, à échanger, à communiquer avec elle !

Elle avait mis beaucoup d'espoir en lui, mais c'était sans compter sur l'imprégnation, le conditionnement parental, l'éducation que Syl avait subis dans sa famille d'origine. Chez lui, dans la tribu des Rienadir, « on ne parlait pas, un point c'est tout, on ne perdait pas de temps à discuter, c'est comme ça ! On n'avait pas besoin de raconter sans arrêt sa vie ! De toute façon les mots ne servent à rien, qu'à se faire du mal quand on constate qu'on ne se comprend pas, la preuve… Parler, c'est une perte de temps, entre hommes on discute, on plaisante, on partage des blagues, mais avec les femmes, c'est tout de suite sérieux, elles veulent toujours savoir ce qu'on sent, si on les aime toujours, si on va bien à l'intérieur »…

Pourtant Houi ne voulait pas se décourager, elle croyait que son amour, sa patience, sa joie de vivre, ses attentions envers Syl arriveraient à lui faire comprendre qu'il était nécessaire dans un couple de se parler, de communiquer, d'échanger, de partager ensemble ce que l'on ressentait…

Mais le temps qui passait allait lui donner tort. Et ce fut elle qui changea. Quand elle découvrit qu'elle ne chantait plus, elle qui chantait si souvent au début de sa relation avec Syl ! Elle qui avait été une jeune fille joyeuse, détendue, qui riait de tout et de rien, se sentait devenir irritable, crispée, ne riant plus beaucoup.

Alors Houi pensa qu'il était temps de se respecter, d'arrêter de stériliser ses ressources, et d'essayer de garder vivante sa foi en la vie. Elle fit une dernière tentative auprès de Syl. Un soir, à fin du repas, par-dessus la table, après avoir éteint la télé, elle lui tendit un symbole, un fil de fer rouillé, en lui demandant de le tenir lui-même dans une de ses mains. Dans l'autre main elle avait une écharpe soyeuse, qu'elle était seule à tenir. « Ce fil de fer représente la relation que nous avons aujourd'hui. Cette relation n'est plus bonne pour moi, aussi je préfère y renoncer. » Elle lâcha le fil de fer. « Je ne veux plus de cette relation, je ne t'ai pas épousé pour vivre cela ! » Puis elle montra l'écharpe : « Cette écharpe représente la relation que je voudrais avoir avec toi. Elle signifie que j'ai besoin d'une relation en réciprocité, dans laquelle pourraient circuler des choses qui viendraient de moi et que tu pourrais accueillir et des choses qui viendraient de toi et que je pourrais recevoir sans hésiter, sans réticence. »

Mon histoire ne dit pas ce que fit Syl Ancieu. Est-ce qu'il prit la nouvelle relation, est-ce qu'il renonça à l'ancienne ? Ce qu'elle dit tout de même, c'est que Houi est sur un chemin de respect d'elle-même et qu'elle est prête à aller jusqu'au bout de ce qu'elle ressent comme bon pour elle. Elle a mis beaucoup d'années à découvrir qu'il était important de se respecter et de prendre le risque de renoncer à une relation, même très importante, quand celle-ci n'est plus suffisamment nourrissante pour permettre à chacun de partager le meilleur de lui-même.

Le rêve d'une planète

Nous adorons et nous faisons confiance à des dieux improbables alors que nous pourrions respecter, aimer et honorer à chaque instant cette planète aimante et chaleureuse qui nous a accueillis depuis le début de l'humanité.

Il était une fois une très jeune planète, pas très importante, toute ronde et bleue, absolument perdue dans un coin reculé de l'univers. Vue de l'un ou l'autre coin de l'espace, elle paraissait minuscule, face à l'immensité du cosmos. Dans son imaginaire de planète, elle avait fait un rêve fou : elle voulait accueillir la Vie.

Quand elle avait tenté d'évoquer ce rêve autour d'elle, les autres planètes avaient poussé les hauts cris et aussitôt l'avaient mise en garde : « Sois prudente, ne t'engage pas à la légère ! La Vie, quand elle est suffisamment apprivoisée, quand elle commence à s'habituer, quand elle se trouve à l'aise, quand elle se sent en confiance, déborde de partout, a tendance à prendre toute la place, à envahir tout l'espace autour d'elle. Elle est même capable de s'installer chez un humain, et alors là, c'est ton existence même, comme planète, qui risque d'être menacée. Nous t'invitons, car nous t'aimons, à prendre toutes les précautions pour ne pas réaliser ton rêve. Tu peux le garder en toi, rêver dessus et le laisser à l'état de rêve, mais vraiment, surtout ne l'inscris pas dans ta réalité… »

C'était mal connaître la petite planète que de l'inviter à renoncer à son rêve. Elle s'accrocha à lui, elle voulut le concrétiser. C'était l'équivalent, pour elle, d'un désir d'enfant.

De très vieilles planètes, qui furent mises au courant de ce qu'elles considéraient comme une folie, hochèrent tristement la tête et tentèrent de lui confirmer passionnément ce que d'autres lui avaient déjà dit.

La petite planète bleue leur répondait inlassablement : « Mais moi, je ne veux que faire du bien à la Vie, lui offrir un peu de place, simplement l'accueillir, lui donner l'occasion de se poser chez moi. J'ai suffisamment d'espace, une atmosphère saine, de l'eau, de l'oxygène en abondance, je suis baignée plusieurs heures par jour par les rayons généreux du soleil, on ne devrait pas se gêner mutuellement. D'ailleurs, j'ai commencé à préparer un berceau d'humus, à rassembler quelques éléments qui devraient faire plaisir à la Vie », murmura, émue, la petite planète.

Vous l'avez compris, je vous parle d'un temps très lointain où la Vie qui, contrairement à ce que l'on pourrait croire, n'était pas très recherchée dans ce coin de l'univers attendait désespérément depuis des milliards d'années de trouver un endroit qui accepterait de l'héberger, simplement pour se reposer, s'épanouir aussi.

Et la petite planète, qui tenait tellement à son rêve, accepta un jour de recevoir la Vie. Ne croyez pas que cela se fit brutalement, d'un seul coup. Oh non ! Cela commença par des particules minuscules, microscopiques, quasi invisibles, parcellaires, qui apparurent, à un œil non averti, de façon un peu désordonnée et chaotique.

La gestation de la Vie sur terre (vous avais-je dit que la petite planète bleue s'appelait la Terre ?) dura plusieurs autres milliards d'années. La Terre vit avec surprise et plaisir aussi que la Vie se développait sous des formes incroyablement diverses. Elle vibrait de partout, s'insérait subtilement dans le minéral, resplendissait dans le végétal, proliférait dans l'animal et, un jour, dynamisa ce qui allait devenir un être humain. À partir de là, quelque chose s'accéléra, quelque chose de plus s'incarna et, en quelques milliers de milliers d'années seulement, un homme accéda à la station debout, inventa des outils, dont certains devinrent même des armes.

Puis la Vie, sous la forme des humains, se lança à la conquête de la Terre. Elle l'exploita, la violenta un peu, tenta de lui apporter de nombreuses modifications dans le souci de l'améliorer mais surtout de la rendre plus rentable. En d'autres termes, elle chercha à en tirer le maximum d'avantages et de profits, sans se soucier des conséquences, des blessures infligées, des dommages irrémédiables, des violences visibles et d'autres invisibles et peut-être même plus terrifiantes encore. Car la rentabilité ne pense qu'au présent, pas du tout à l'avenir, elle ne se soucie pas des effets secondaires qui se révèlent catastrophiques avec le temps.

La planète Terre était de bonne composition, elle s'adapta dans un premier temps, résista un peu dans un second temps, tenta de négocier par la médiation de vieux sages, stimula des hommes et des femmes issus des cultures primordiales, mais garda longtemps, longtemps l'illusion que les hommes allaient l'aimer, lui être reconnaissants de les avoir accueillis, protégés dans l'enfance de l'humanité.

Aujourd'hui encore, alors qu'elle est maltraitée au profond de ses entrailles, jusqu'à ces derniers temps, elle ne se décourage pas. Bien sûr elle cherche des alliés, s'ingénie à ouvrir les regards, à révéler des consciences, à envoyer des signaux d'urgence, mais les hommes semblent être fidèles à un dicton que je tiens de ma grand-mère : « Nul n'est plus sourd que celui qui entend. »

Il faut que je vous dise aussi que la faiblesse, la grande vulnérabilité de la Terre, c'est qu'elle s'est prise d'affection pour les hommes. Elle éprouve pour eux, outre une incroyable indulgence, un immense amour. Malheureusement, pour l'instant, c'est un amour à sens unique. Mais comme tous ceux qui aiment, la Terre est prête à accepter beaucoup, beaucoup, à supporter l'insupportable, à accueillir l'inacceptable, à pardonner l'intolérable, à respecter même la part d'inconscience et de mauvaise foi qu'il y a chez les humains !

Pour l'instant…

Si un jour, vous qui m'écoutez, vous avez une quelconque influence sur les hommes, dites-leur, s'il vous plaît, que la Terre mérite d'être aimée et respectée !

Le conte de la petite dauphine qui s'angoissait silencieusement chaque fois qu'elle allait à l'école

Accompagner un enfant, c'est lui permettre d'entendre que nous sommes là pour le protéger, et lui permettre de grandir suffisamment pour qu'il puisse nous quitter un jour dans la pleine possession de ses ressources.

Il était une fois une petite dauphine qui s'appelait Ralau.

C'était une enfant dauphin qui avait un père et une mère très présents dans sa vie et avec lesquels elle se sentait en confiance. Ce qui n'est pas aussi commun qu'on pourrait le penser, car il y a beaucoup d'enfants qui, ne se sentant pas entendus, compris ou suffisamment aimés par leurs parents, perdent confiance en eux et surtout en eux-mêmes.

Ralau était une petite dauphine très vivante, douce et très douée pour le dessin et la peinture. Elle avait un caractère ouvert et sociable, on ne l'avait jamais vue ou entendue se disputer avec un autre enfant dauphin.

Mais à l'école où elle allait chaque jour – car chez les dauphins l'école est quasi permanente –, il y avait Vinké, un petit garçon dauphin qui ne pouvait s'empêcher de la persécuter. Il lui tirait fréquemment les nageoires et, chaque fois qu'il en avait l'occasion, il la frappait, la bousculait, bref, il lui rendait la vie pénible et même insupportable. Au point que Ralau, qui pourtant aimait les études et sa maîtresse, rêvait qu'on pourrait un jour supprimer l'école ! Ce qui ne s'était jamais vu au pays des dauphins.

Ce qu'il faut que vous sachiez, c'est que chez les dauphins, les papas sont très attentifs à l'éducation de leurs enfants. Et le papa de Ralau avait bien senti que sa fille souffrait, il avait bien vu qu'elle n'était pas aussi heureuse que l'année précédente, qu'elle résistait, mettait de la mauvaise volonté pour aller à l'école. Après un temps d'observation et d'échange avec sa fille, il comprit vite ce qui se passait en elle. Les dauphins, je ne sais si vous le savez, ne sont pas du tout réactionnels mais plutôt relationnels. Ils pensent que tout problème peut s'arranger en échangeant, en partageant, en discutant et en se positionnant clairement face aux autres. Ils ne cherchent pas le conflit mais l'accord.

Un soir, le papa de Ralau décida d'aller attendre le petit dauphin qui maltraitait sa fille à la sortie de l'école. Il l'empoigna solidement, je ne sais si cela se fit avec ses nageoires, toujours est-il qu'il le guida avec des mouvements vifs de sa queue, en direction du domicile de ses parents, tout en lui disant : « Je ne te veux pas de mal, je veux simplement t'accompagner, je ne te quitte pas un seul instant, je veux aller avec toi chez tes parents et parler avec eux. »

Vinké, le petit dauphin, avait bien reconnu le papa de Ralau et il sentait beaucoup de colère en lui, car il pensait avoir été dénoncé par Ralau. Vous le savez, les enfants dauphins n'aiment pas du tout que les adultes viennent se mêler de leurs affaires. Mais, comme vous allez le voir, cela ne se passa pas comme il avait pu le craindre.

Les parents de Vinké furent extrêmement étonnés par ce qu'ils entendirent du papa de Ralau. Voici en effet ce qu'il leur dit : « Je viens vous demander de veiller sur votre fils. Non pas pour qu'il ne fasse pas de bêtises, mais pour le protéger, pour lui assurer une sécurité. En effet, s'il venait à être frappé par un plus fort que lui, attaqué ou maltraité à l'école par un plus grand, je souhaite qu'il comprenne combien il peut compter sur vous, ses parents, pour le défendre. C'est ce que je suis en train de faire pour ma fille Ralau. Votre fils, pour des raisons qui lui appartiennent mais que je ne peux accepter, la bouscule, la frappe souvent, l'importune sans arrêt. Je suis venu pour vous dire non pas de le punir, mais pour vous affirmer que je suis là pour protéger ma fille. Lui confirmer, ainsi qu'à votre fils, que si elle est en difficulté, elle peut compter sur moi. Et ainsi, de cette façon, faire découvrir à votre fils qu'il peut lui aussi faire confiance à ses parents s'il était un jour en souffrance ou dans une situation difficile pour lui, par rapport à un plus grand, à un plus fort que lui. Qu'il sache qu'il peut faire appel à vous, ses parents, pour le protéger… »

Vinké n'en croyait pas ses oreilles. Dans un premier temps, tout au début de l'échange, il avait eu peur que le papa de Ralau ne s'en prenne à lui. Puis il avait craint que son propre père ne se fâche, qu'il le punisse et même que les voisins apprennent qu'il frappait une petite fille, lui, un garçon robuste et solide.

Le père de Vinké remercia le papa de Ralau et, après leur départ, resta un long moment silencieux. Mais le soir même, il demanda à son fils de sortir avec lui, de faire quelques sauts dans la mer apaisée, puis il prit son fils contre lui et lui confirma que bien sûr, s'il se trouvait que son fils soit dans la même situation que Ralau, il ferait comme le papa de celle-ci : il irait voir les parents de l'agresseur pour les inviter à protéger leur fils.

Je crois savoir que Ralau n'eut plus à souffrir de Vinké.

Ils ne devinrent pas amis pour autant, quoique… on ne sait jamais…

Le conte du renard qui avait tant de plaisir à faire de la peine et à maltraiter sa compagne

Nous sommes parfois d'une surdité extraordinaire et d'un aveuglement étonnant dans le choix de nos partenaires intimes, cela devrait nous interroger mais non pas nous paralyser.

Il était une fois un couple de renards qui vivaient ensemble depuis de longues années dans un système relationnel très curieux. Au pays des renards, on appelle « système relationnel » une certaine façon de communiquer qui s'installe entre deux personnes, de façon répétitive, dans laquelle chacun des protagonistes adopte une position de départ qui permettra de saboter l'échange, de créer un conflit ou un affrontement qui confirmera que l'autre est « vraiment insupportable ». Ainsi, le fait de commencer un échange par une mise en cause, une accusation, une plainte, permet à l'un soit de s'opposer tout de suite, soit de se soumettre, soit de manifester une pseudo-adhésion pour se donner un peu plus tard les moyens de contrer et de mettre l'autre en échec. Si l'un des partenaires veut saboter la communication, c'est-à-dire la mise en commun, il peut ouvrir l'échange par un reproche : « Tu as encore oublié de me réveiller ce matin ! » Une autre fois, il pourra jeter à la tête de l'autre un regret inutile, comme s'il le rendait responsable de ce qui s'est passé : « Ah, si j'avais su qu'il pleuvrait aujourd'hui, je serais sorti hier quand il faisait du soleil ! » On peut aussi aborder l'autre par une disqualification : « Avec ton caractère, on ne peut rien te dire… » ou encore par une affirmation péremptoire qui ne laisse aucune place à la discussion : « De toute façon, comme tu n'es jamais contente, aujourd'hui je décide de faire ce que je veux ! » Ce type d'échange, vous pouvez le sentir, fait toujours dévier le partage en affrontement.

Le couple dont je veux parler avait une façon de vivre, de communiquer, de se faire souffrir mutuellement et de s'aliéner qui aurait découragé beaucoup d'humains. Mais ici, il s'agit de renards et on peut penser que leurs habitudes de vie sont très différentes de celles des hommes !

Tout se passait comme si l'un des deux, le mâle, avait en lui un besoin très fort de faire du mal à celle qui partageait sa vie. Oui, un besoin de la faire souffrir. Cela peut paraître étonnant de vouloir faire souffrir quelqu'un qu'on aime. Mais au pays des renards, c'est assez fréquent. Cela porte plusieurs noms : perversité, sadisme, cruauté mentale, harcèlement moral…

Le plus curieux est que sa renarde de femme espérait toujours que son partenaire changerait, qu'il comprendrait, qu'il cesserait de la sadiser, de la blesser, de l'humilier ou même de la battre comme il faisait parfois sans pouvoir se contrôler, avec une violence terrible.

Elle tentait le plus souvent « d'arranger les choses, de ne pas le contrarier », comme elle disait, d'être la plus accommodante possible, de ne pas le provoquer, d'éviter de réveiller sa colère ou sa violence. Et surtout, elle voulait comprendre. Comprendre pourquoi il se comportait comme cela avec elle alors qu'elle faisait tout pour lui être agréable, pour ne pas lui faire de la peine, pour lui faciliter la vie. Comprendre pourquoi, lui qui prétendait l'aimer, il lui faisait tant de mal ?

Son mari était d'une grande habileté pour mettre sa femme toujours dans son tort, pour détruire la confiance qu'elle pouvait avoir en elle. Il contrait systématiquement son point de vue, se moquait de ses croyances, disqualifiait ses actions, déchirait les vêtements qu'elle avait achetés sans son accord, cassait les objets auxquels elle tenait, critiquait ses amis. Au point d'ailleurs qu'en quelques années, plus personne ne venait chez eux. Même ses parents avaient été invités à ne venir que si on leur demandait de passer, sans s'attarder. Comme vous le voyez, ce renard s'arrangeait pour avoir toujours raison et ne supportait pas qu'on le contredise sur quoi que ce soit.

Pourtant, au début de leur relation, il avait été très gentil avec elle, attentionné, poli, excessivement prévenant, au point que celle-ci, ravie, pensait qu'elle avait eu beaucoup de chance de rencontrer un renard aussi tendre, aussi aimant. Ce qui fait qu'elle ne pouvait qu'être d'accord avec quelqu'un d'aussi aimable et présent, qui lui convenait tout à fait, disait-elle à ses amies !

« Ce qui m'a séduite chez lui, c'est qu'il me demandait toujours mon point de vue, ensuite il me démontrait que ce point de vue rejoignait le sien et que d'ailleurs, en modifiant ceci ou cela dans mes idées, je pouvais améliorer considérablement ce que je pensais et, par là même, ce que je devrais devenir pour mieux lui correspondre ! J'avais le sentiment avec lui d'être plus intelligente, puisqu'il me disait qu'il pensait exactement la même chose que moi, et que d'ailleurs, pour me faire mieux comprendre, il le reformulait chaque fois à sa façon, pour que nous puissions, tous les deux, être d'accord ! Une fois mariée, ce n'est qu'au bout de quelques mois que je me suis aperçue qu'il m'entraînait toujours dans sa direction, qu'il m'imposait sa volonté, que je devais faire en fait comme il pensait lui. Il m'avait convaincue que je ne me rendais même pas compte que j'étais souvent dans l'erreur… Une fois, cependant, j'ai voulu rester sur ma position et ce fut le début d'une de ses colères. Cela m'a surprise et j'ai pensé que j'avais été maladroite, que je l'avais blessé, qu'il était plus sensible que je ne croyais, qu'il méritait que je fasse un effort… Par la suite, il n'attendait même pas que je donne mon point de vue, il commençait tout de suite à crier en disant que comme toujours je n'allais pas être d'accord avec lui. Parfois il devenait très grossier, avec des mots orduriers qui me blessaient beaucoup. Quand je lui demandais de me respecter, d'être plus gentil avec moi, il se déchaînait comme si je l'avais insulté, il redoublait d'agressivité, me hurlant au visage : "Tu veux que je te respecte, mais tu ne vaux rien, je t'ai épousée par pitié, personne n'aurait jamais voulu de toi, tu es moche, tu fais mal l'amour, tu es bête, tu as toujours des idées ridicules…" et bien d'autres choses encore plus méchantes, avec des mots que je n'ose pas dire tant ils me font honte ! »

Cette relation durait depuis quelque douze ans, quand, un matin, la petite fille de cette renarde (car ils avaient eu une fille, j'ai oublié de vous le dire) dit à sa mère : « Maman, je suis en souffrance, je t'aime et en même temps je te déteste. Je te déteste quand je vois comment tu acceptes de continuer à vivre avec quelqu'un qui ne te respecte pas. Je suis en difficulté, car moi je ne peux pas me construire face à une mère qui me donne ce modèle de soumission et de faiblesse quand elle est devant son mari. Je ne peux pas non plus aimer papa, quand je vois tout ce qu'il te fait subir ! Je me sens coincée ! Je ne sais plus où j'en suis de mes sentiments pour vous deux ! »

Il faut, vous en conviendrez avec moi, beaucoup de courage pour qu'un enfant puisse ainsi se positionner devant sa mère. Mais au pays des renards, il arrive parfois que les enfants s'affirment et se définissent mieux que les enfants des humains. Cette petite renarde, ajouta : « Et puis j'ai aussi un grand malaise : j'ai le sentiment que tu restes avec papa à cause de moi. Je t'ai entendue dire à la voisine : "Tant qu'elle est petite, je ne peux la priver de son père !" Maman, tu me mets sur le dos une mission insupportable. C'est à toi de prendre une décision pour toi, maman. Cela me permettra de mieux me construire, d'exister sans me sentir responsable de tes humiliations, de ta victimisation ! »

La suite, vous pouvez l'imaginer. Ne croyez pas que sa maman prit une décision tout de suite, mais cela fit son chemin en elle et un jour elle décida de demander le divorce, de quitter ce renard qu'elle aimait mais qui lui proposait une relation invivable. Elle osa se séparer, non seulement de son mari, mais du système relationnel dans lequel elle s'était enfermée durant tant d'années. Car chez les renards, le plus difficile n'est pas de quitter une personne avec laquelle on ne s'entend plus ou qui ne correspond plus à ce que l'on est devenu. Le plus difficile, c'est de renoncer au système relationnel que chacun des protagonistes a entretenu et auquel (très souvent) il tient beaucoup. Commencer à faire le choix de se respecter en sachant que choisir de s'éloigner, c'est oser renoncer à ce que l'on connaît pour aller vers un peu plus d'inconnu.

Le conte du rêve facétieux

Qui saura jamais rejoindre l'infinie richesse de nos rêves, et accepter l'inépuisable créativité de leurs scénarios, en sachant que chacun est susceptible de réveiller ou de détourner nos désirs, d'alerter ou de censurer nos attentes, de déjouer ou de renforcer nos résistances, de stimuler ou d'inhiber nos ressources ou encore de nous permettre de puiser ou de nous perdre dans l'immensité de nos possibles.

Savez-vous qu'il y a des rêves mutins et même parfois coquins, qui s'amusent, profitant de votre sommeil, à vous jouer des tours, à mettre des obstacles ou à vous donner des pistes pour la conduite de votre vie ? Des pistes qui vont vous entraîner… là où une partie de vous ne veut pas aller, mais où une autre partie de vous-mêmes tout aussi importante vous invite, vous incite, à aller tout de même !

Nous, les humains, sommes des êtres complexes, habités par beaucoup de désirs qui n'arrivent pas toujours à se comprendre, à s'ajuster ou à s'harmoniser entre eux.

Ainsi Marie, qui avait fait, au mitan de sa vie, une belle rencontre, celle d'un homme bien sûr, mais qui ne souhaitait pas aller au-delà. Aller au-delà aurait signifié pour elle transformer la rencontre en relation. Ce qu'elle ne voulait pas. Pourtant c'était une de ces rencontres qui donnent de la lumière dans les yeux, du soleil au cœur et un enthousiasme inconditionnel pour la vie. Bref, vous l'avez deviné, elle était devenue très amoureuse. Elle était, comme disent les Italiens, *innamoramento*, émerveillée, transportée, soulevée par cet amour. Mais comme elle craignait de souffrir, de souffrir de trop aimer, sans être sûre d'être aimée en retour, elle ne voulait pas poursuivre. Elle voulait vivre la rencontre imprévue, légère, mais ne souhaitait pas la transformer en relation. Ce qui peut paraître aux antipodes de ce que nous souhaitons quand nous sommes amoureux de quelqu'un ! Dans cette situation, pour la plupart d'entre nous, notre désir est de construire une relation de durée. Marie, elle, ne recherchait pas la présence de cet homme. Elle s'interdisait de l'appeler au téléphone, ne voulait ni le revoir ni lui parler mais ne faisait que penser à lui, n'entendait parler autour d'elle que de lui. Elle se donnait des injonctions rigoureuses : « Non, pas de relation avec lui ! Le rencontrer par hasard, oui, mais pas de relation suivie ! » se répétait-elle plusieurs fois par jour pour marquer sa volonté.

Comme elle sentait que les sentiments qui l'habitaient méritaient d'être respectés, elle avait trouvé un petit coquillage qui représentait cet amour et elle le portait toujours sur elle, attaché par un petit lacet de cuir autour du cou. De temps en temps elle touchait le coquillage d'une main émue, elle vérifiait que son amour était bien là. Malgré la solitude, la force de ses désirs, les images d'espérance qui s'agitaient en elle, elle tenait bon, elle se dictait : « Je dois renoncer à vouloir vivre une relation avec cet homme, d'ailleurs c'est trop tard dans ma vie, je suis trop âgée, ça ne marchera pas. De toute façon, je sais que cela se termine toujours mal. Je ne veux pas revivre ce que j'ai vécu il y a quelques années avec un homme que j'ai aimé et qui m'a quittée. Ce fut trop douloureux, trop dur, j'ai trop souffert. »

Tout cela se passait durant le jour.

Mais il y avait la nuit. Et la nuit est le domaine des

pensées incontrôlables, de l'irruption des songes dans un espace immense où cet homme lui apparaissait. Ainsi, toutes les nuits, elle rêvait de lui. Il était là, présent, en chair et en os, aussi réel que si cela s'était passé dans une vraie rencontre, alors que ce n'était qu'un rêve. Et dans ces rêves, qui se répétaient régulièrement, ils avaient ensemble de belles rencontres, des baisers tendres, des gestes très doux. Ils s'invitaient à déjeuner, ils riaient de tout, s'installaient entre eux des moments de confiance douce, d'échanges enthousiastes qu'ils s'offraient.

Une nuit, elle avait même rêvé qu'ils avaient fait l'amour. Et au petit matin son corps était tout alangui, entièrement rempli de tout le plaisir partagé. Dans ce rêve-là, elle l'avait tutoyé. Cette intimité partagée en rêve la faisait rosir d'émotion. Vous savez, quand soudain le visage, le cou, le haut de la poitrine se mettent à rougir, comme agités d'un désir fou qui ne peut s'exprimer…

Par contre, les deux rêves suivants posèrent des limites, comme si elle avait senti qu'elle était allée trop loin avec le rêve précédent. Dans le premier, elle rencontrait cet homme, mais refusait de le reconnaître. Elle sentait qu'il avait besoin d'elle, mais elle faisait comme si elle ne le voyait pas. Elle passait, s'éloignait sans lui adresser un seul mot ! Dans le second, c'était rigoureusement l'inverse : elle s'avançait vers lui pour le saluer et même l'embrasser comme une vieille connaissance, mais c'est lui qui faisait comme si elle n'existait pas, qui semblait ne pas la reconnaître ! Le matin, en se réveillant, elle se demandait encore : « Mais qu'est-ce que je ne veux pas voir ? »

Un peu plus tard dans un autre rêve, ils étaient tous deux en voiture. C'est lui qui était à la place du chauffeur, mais c'était elle qui, de sa place de passagère, penchée vers lui, conduisait la voiture. « Ah, c'est bien à moi de conduire la rencontre, de décider ce que je veux avec cet homme », pensa-t-elle au petit matin.

Dans un autre rêve encore, qu'elle fit quelques jours plus tard, elle sentit combien cet homme était bon pour elle. C'était la nuit, elle était devant une maison. Il ouvrait les volets, la reconnaissait et l'appelait par son prénom : « Marie, c'est vous ! » La voix résonnait dans le noir de ses songes. Et dans son rêve, elle accourait, s'élançait, était dans ses bras. Il lui chuchotait à l'oreille des mots inaudibles qui, hélas, dans son effort pour les comprendre la faisaient se réveiller, toute désemparée, troublée, déçue de n'avoir pu entendre ce qu'il lui murmurait. « Je n'entends même pas ce qu'il me dit. Que dois-je entendre en n'entendant pas ? Mais j'entends bien par contre ce que vous, mes rêves, tentez de me dire : que je n'ai pas envie de renoncer à lui, puisque je m'élance vers lui sitôt qu'il m'appelle ! Que mon souhait d'arrêter la relation est un pseudo-renoncement. Ce serait une fausse décision qui n'est pas en accord avec mon désir profond. » Mais aussitôt, elle se reprenait, se dictait à nouveau des injonctions : « C'est à moi de résister. Je me dois de ne plus penser à cet homme. Je renonce, c'est décidé une fois pour toutes. »

Alors un rêve facétieux intervint dans le sommeil de Marie. Il utilisa plusieurs stratagèmes pour déjouer ses résistances.

Dans les nuits de celle qui se voulait sage en renonçant à la relation avec l'homme qu'elle aimait, il fit surgir des personnages inattendus. Il y eut des personnages très connus (de ceux qu'on voit à la télévision) qui vinrent l'inviter à danser, la choisir parmi d'autres femmes (elles aussi très connues), qui lui firent des compliments, rirent avec elle. Or chacun de ces personnages très connus portait dans son rêve le même prénom que l'homme aimé. Ils étaient affublés de noms de famille imprononçables, mais avaient tous le même prénom !

Elle en riait au réveil. Il y avait entre elle et ses rêves facétieux une sorte de complicité. Elle leur disait au réveil : « Je comprends ce que vous tentez de me dire, mais je ne suis pas prête, pas encore, à revoir cet homme. »

Dans un avant-dernier rêve, elle arrivait chez lui. Il l'accueillait gentiment, lui prenait la main pour l'accompagner jusqu'au bout d'une vaste terrasse qui dominait un parc parsemé de sculptures au milieu de grands arbres. Il lui proposait de visiter le parc. Avant de descendre les escaliers, elle avait quitté ses chaussures de couleur bleue, les avaient sagement déposées côte à côte et elle était partie seule marcher pieds nus dans l'herbe verdoyante.

Quelques jours après, à la fin de l'été, aux premiers jours du mois des feuilles rousses, elle eut la surprise de le rencontrer lors d'une manifestation publique. Ils se regardèrent, échangèrent un sourire, puis il l'embrassa doucement sur les deux joues en la serrant dans ses bras. Sans qu'aucun autre mot soit échangé, elle sentit comme une invitation de sa part à se revoir.

Le dernier rêve fut triple. Dans la première partie, elle voyait l'homme qu'elle aimait assis, devant une grande cascade. Il méditait comme un vieux sage indien. À côté de lui, sous la chute d'eau, un cierge blanc brûlait, malgré le ruissellement de l'eau. Ensuite le rêve se modifia. Ils volaient ensemble dans les airs, se posaient sur le haut d'une église pour admirer un somptueux paysage doré au bord de la mer, constitué par une immense rade parsemée d'îles. Dans la troisième partie de son rêve, elle voyait sa mère, morte depuis quelques années, qui la prenait dans ses bras et lui disait : « Je sais où tu vas, je sais où tu vas ! » Puis sa mère et elle roulaient ensemble dans l'herbe en riant, toutes deux enlacées, heureuses, jouant à se bousculer comme des enfants. Et là, en arrivant en bas du champ, toute seule, d'un seul élan, comme

Marie l'avait fait tant de fois dans son enfance, elle sautait, d'un seul bond, léger et aérien, par-dessus une barrière blanche.

Trois jours après, Marie et l'homme de ses désirs se retrouvèrent. Marie accepta enfin de s'abandonner à la rencontre.

Ils furent très présents l'un et l'autre, et décidèrent de protéger leur relation. Ce fut une succession de beaux partages, pleins d'abandons, de plaisirs et de complicités joyeuses.

Je crois savoir qu'à ce jour cette relation dure toujours !

Le conte du petit limaçon qui ne pouvait s'empêcher de mentir

Mentir, c'est dessiner et colorer la vérité avec nos désirs et nos peurs mélangés.

Il était une fois un petit limaçon (qui commençait à devenir un bel adolescent) qui mentait sans arrêt à ses parents et surtout à sa mère.

Celle-ci se désespérait d'avoir un enfant qui mentait aussi souvent. Et son désespoir se transformait quelquefois en colère et d'autres fois en tristesse. Mais le plus souvent, le soir dans son lit, elle s'interrogeait. Une question tournait sans cesse dans sa tête : « Mais pourquoi, pourquoi est-ce que j'ai un fils qui ment ? Pourquoi, pourquoi a-t-il besoin de me mentir sans arrêt ? Pourquoi, pourquoi a-t-il si peur de me dire la vérité ? » Elle s'endormait dans l'inquiétude et se réveillait dans l'angoisse…

Comme beaucoup de mamans qui veulent comprendre ou expliquer, pour pouvoir contrôler et ainsi se rassurer, cette mère voulait faire quelque chose. « Je ne peux quand même pas le laisser dans ses mensonges sans rien faire ! » Ces mères veulent modifier les conduites et les comportements de leurs enfants, surtout quand elles sont gênées par ceux-ci !

Dans les moments de grand désarroi, quand elle découvrait un nouveau mensonge ou la preuve que son fils ne lui avait pas dit la vérité, qu'il avait une fois de plus altéré la réalité, elle était hors d'elle. Elle aurait voulu le secouer, le battre même. Elle hurlait : « Mais pourquoi, pourquoi tu ne peux pas dire la vérité ? » Et puis il y avait aussi toutes ces questions en elle : « Est-ce qu'il aurait peur de ma réaction ? De celle de son père ? Est-ce qu'il craindrait d'affronter la réalité ? Il sait pourtant que je déteste les mensonges, qu'il pourrait tout de même faire confiance à sa mère… » Toutes ces questions, évidemment, restaient sans réponse.

Parfois elle quémandait, lui murmurait les yeux dans les yeux : « Mais pourquoi, pourquoi as-tu besoin de mentir, tu peux me le dire ? Est-ce que tu peux répondre à cela ? » Non, il ne pouvait répondre à cette question.

Cela durait depuis des années. Ce que cette femme ne savait pas, c'est qu'elle avait un enfant très courageux, très fidèle. Un enfant qui avait bien compris que sa mère était très proche de lui, qu'elle aurait voulu lui donner le meilleur d'elle-même. Toujours très soucieuse de lui offrir tout le bon de la vie. Inquiète surtout de ce qui pouvait arriver de mal à son fils, très angoissée à l'idée qu'il pourrait avoir de mauvaises notes à l'école, s'être battu, avoir fumé en cachette, qu'il pourrait toucher à la drogue… Ce qui lui paraissait surtout insupportable, c'est d'imaginer qu'elle pouvait être une mauvaise mère, une mère incapable de rendre son fils heureux. Une mère qui aurait ressemblé à la sienne - « Ah, surtout pas ça ! Surtout ne pas être avec mon fils comme ma mère a été avec moi, à me reprocher toujours quelque chose que je n'avais pas fait ou fait ! »

Ainsi la mère de ce petit limaçon ne savait pas que son fils la protégeait par ses mensonges. Qu'il tentait de diminuer son angoisse, de contrer sa tendance à tout dramatiser, à voir le mal partout, à recevoir le moindre événement qui aurait pu la contrarier comme une catastrophe qui serait préjudiciable à son fils unique, bien-aimé.

En lui mentant, son fils retardait tout cela. Il colorait seulement la réalité d'une autre couleur. Il différait la découverte par la mère d'une vérité qui lui aurait déplu. Il lui faisait gagner, économiser quelques heures, quelques jours sans angoisse, sans tension. Il offrait par ses mensonges un peu de tranquillité et de paix intérieure à sa mère, qui, si elle avait su ce qui s'était réellement passé, se serait à nouveau catastrophée….

Il avait confié un jour à son meilleur ami : « Quand ma mère me demande : “Ça va bien à l'école ? Est-ce que tes cours de mathématiques se sont bien passés ? As-tu de bons résultats à tes devoirs ?”, si je lui dis la vérité, alors elle s'effondre et j'ai devant moi une femme abattue, sanglotant que je lui fais de la peine, que je suis un mauvais fils et elle une mère si exemplaire ! Chaque fois, cela la met dans un tel état que non seulement le repas, mais la soirée et même le petit déjeuner du lendemain sont gâchés. Elle est capable de me demander cent fois : “Mais pourquoi, pourquoi tu n'as pas bien travaillé ? Pourquoi tu n'as pas rendu ton travail à temps ?” Si je dis la vérité, je n'ai plus de mère durant plusieurs jours, mais j'ai devant moi une femme malheureuse, déprimée, qui se demandera : “Est-ce que j'ai bien fait de mettre un enfant au monde, est-ce que je suis capable d'être une bonne mère ?” Et moi, ça me fait mal de la voir si triste, si perdue… En plus, les mathématiques, c'est son point de fixation. Si j'échoue, si j'ai de mauvais résultats dans cette matière, c'est comme si j'étais perdu à jamais. Comme si j'allais devenir un clochard, un moins que rien ! Alors tu comprends que je ne peux pas lui dire la vérité, ce serait trop dur pour elle. Je préfère mentir pour la protéger, pour la soulager, pour lui enlever une partie de ses angoisses. En lui mentant, je la rassure, l'apaise du moins pour quelque temps, jusqu'à ce qu'elle découvre que je n'ai pas eu de bons résultats. Mais avec mon mensonge, j'ai sauvé sa soirée et la mienne et une partie de la semaine. En mentant, je prends soin d'elle. Qu'elle me voie comme un menteur, ce n'est pas grave. À l'intérieur de moi, je sais que je ne suis pas menteur ! »

Peut-être qu'en me lisant vous avez senti combien ce limaçon ressemble à certains enfants que vous connaissez. Des enfants qui, avec leurs mensonges, sont non seulement très courageux, en acceptant de protéger ou de réparer leurs mamans, mais aussi très fidèles, aimants, prévenants et responsables en prenant sur eux une partie de l'angoisse de leurs mères.

Vous allez peut-être me dire que je fais l'apologie du mensonge, que je le recommande même ? Pas du tout, je tente seulement de montrer que tout mensonge a un sens. Que beaucoup de mensonges contiennent un message positif pour celui à qui il est destiné.

Le conte du petit garçon qui ne savait pas encore que son papa n'était pas son vrai papa

Arrive un jour dans notre existence où nous partons à la recherche de nos origines pour mieux nous réconcilier avec notre histoire et ainsi nous rencontrer.

Il était une fois un petit garçon, que j'appellerai Téoma, qui avait été conçu à partir d'une rencontre sexuelle entre celle qui allait devenir sa maman et un homme qu'elle croyait bien connaître et pour lequel elle avait des sentiments très forts. C'est une situation très fréquente et il faut dire clairement qu'un certain nombre de bébés naissent à partir d'une telle rencontre. Un homme et une femme croient s'aimer, ils font l'amour sans aucune précaution, emportés par leurs désirs, et parfois, quelques semaines après, quatre exactement, la femme découvre qu'elle est enceinte.

Ce qu'il y avait de particulier dans cette aventure, c'est que la maman, alors que son bébé commençait à s'installer dans son ventre, avait été abandonnée par l'homme qu'elle aimait. Cela l'avait beaucoup blessée, mais avec beaucoup de courage et de détermination elle accepta d'élever son bébé toute seule. Deux ans plus tard, elle s'éveilla à nouveau à l'amour et commença à éprouver des sentiments pour un autre homme et elle s'attacha à lui. Celui-ci, par amour pour cette femme (du moins on peut le penser, à moins que ce ne soit pour la mettre en dette à son égard ou pour l'attacher encore plus à lui, pour se montrer généreux ou pour mille autres raisons tout aussi importantes pour lui), reconnut ce bébé comme s'il était le sien, comme s'il l'avait fait avec elle, et il accepta de l'élever avec la maman. D'ailleurs il l'épousa pour constituer une famille. C'est ainsi qu'il fut présenté aux yeux de tout l'entourage comme le papa de cet enfant. Papa de cœur, papa de relation, papa au quotidien, même s'il n'était pas un papa de ventre, s'il n'était pas le géniteur comme on dit chez les humains.

Or, aujourd'hui, des années plus tard, ce papa-là ne veut absolument pas qu'on révèle à cet enfant, qu'il considère comme son fils, puisqu'il l'a reconnu et élevé, qu'il n'est pas son géniteur. Il veut que l'enfant continue à croire que c'est bien lui son vrai père.

Vous savez peut-être comme moi que la question des origines est importante pour un enfant. Si importante que même lorsque leurs origines sont claires, sans secret de famille ou sans ambiguïté, beaucoup d'enfants se posent parfois des questions : « Est-ce que ma maman est bien ma maman ? Est-ce que mon papa est bien mon papa ? Est-ce qu'ils m'ont trouvé, acheté ou échangé ? » Non seulement les enfants s'interrogent ainsi, mais ils sont très habiles pour entendre, justement, ce qui n'est pas dit.

Tout cela n'est pas grave quand il y a une cohérence entre les attitudes, le témoignage des parents et leur ressenti intime. Pour le petit garçon dont je parle ici, la situation est la suivante :

- La maman a dit clairement à son bébé, quand il était tout petit, que l'homme avec qui elle vivait, qui l'avait reconnu et qui allait l'élever n'était pas son géniteur, qu'elle l'avait conçu avec un autre et qu'elle avait toujours espéré que son mari serait un bon papa et un bon père pour son fils.

• Le bébé a-t-il entendu ou pas ? Cela appartient à sa mémoire. Nous savons que sa mère lui a au moins parlé, qu'elle s'est clairement définie devant lui.
• Le mari, celui qui est vu comme le père, ne veut, quant à lui, rien dire. Il refuse catégoriquement d'aborder la question avec l'enfant, qu'il considère comme son fils. Il veut laisser la situation en l'état. « Ça ne sert à rien de remuer le passé, de provoquer des inquiétudes chez un enfant qui ne demande rien, de remettre en question une situation qui ne pose aucun problème. On est tous heureux ensemble, on ne va pas provoquer des inquiétudes inutiles. » Et beaucoup d'autres arguments encore pour justifier sa position à laquelle il tient très fort. Il se dit très inquiet si on révèle la vérité à l'enfant.

Ainsi la situation est figée sur de telles bases. Dans cette histoire, je crois savoir que la maman aimerait que son mari parle plus directement à l'enfant, qu'il révèle qu'il n'est pas le géniteur. Lui, nous le savons, ne veut pas « entendre parler de ça » !

Le problème n'est donc pas chez l'enfant, qui jusqu'à ce jour n'a pas manifesté d'interrogations particulières, mais bien dans la relation du couple.

Qu'est-ce qui se joue à travers ce conflit entre le désir de l'une (la mère) qui souhaite plus de clarté et le refus de l'autre (le mari) qui préfère rester dans le non-dit ?

Il y a certainement dans cette situation beaucoup d'enjeux qui m'échappent ou qui vous parlent à vous qui me lisez, aussi j'invite chacun à rester à l'écoute de l'imprévisible.

J'appelle « imprévisible » l'apparition de signes qui peuvent se manifester dans un domaine qui pourrait être aux antipodes de ce que je viens de raconter et qui pourtant s'y rapportent étroitement. Quand l'imprévisible surgit, c'est souvent pour dire et cacher, pour révéler et masquer l'indicible. L'imprévisible s'arrange pour bousculer le monde des apparences, pour permettre aux situations inachevées de trouver un aboutissement. L'imprévisible sous la forme d'une rencontre, d'une lecture, d'une résonance, recadre, repositionne ou rééquilibre une situation confuse ou bloquée.

Je ne sais quand l'imprévisible surgira dans cette famille.

Le conte du petit garçon qui ne voulait pas être aidé

Nous avons tous quitté le paradis d'un ventre de femme pour être déposé sur la Terre et nous en gardons une nostalgie jamais apaisée.

Il était une fois un petit garçon, que je connais bien, qui ne voulait pas être aidé, mais pas du tout aidé ! Par personne, jamais ! Depuis tout petit, quand on lui proposait de l'aide, il refusait farouchement et se mettait en colère si on insistait. Il hurlait : « Tout seul, je veux faire tout seul ! » Pas question de le soutenir pour lui apprendre à monter ou descendre un escalier, pas besoin de ramasser pour lui ce qu'il laissait tomber à terre, il le rejetait aussitôt. Il voulait se laver tout seul, manger tout seul et même traverser la rue tout seul, sans être aidé. Il faisait des colères terribles quand sa maman, inquiète, voulait lui tenir la main !

Plus tard, à l'école, on l'avait même surnommé « J'aibesoindepersonne » ! Il fallait voir alors comment devant une difficulté ou un obstacle il s'acharnait, concentrait toute son attention et le plus souvent… réussissait. Tout seul !

Ce que je ne vous ai pas dit, c'est que J'aibesoindepersonne, qui se prénommait en fait Léo, était né à l'aide de forceps. Vous savez, ce petit instrument en forme de cuillères que les médecins accoucheurs, parfois un peu inquiets et fébriles, demandent aux sages-femmes ou à leurs assistantes de leur passer, quand la venue au monde d'un bébé est un peu difficile, quand ils n'arrivent pas à le sortir du ventre, qu'il reste un peu coincé ou qu'il ne veut pas sortir de lui-même. Dans ces moments-là, tout le monde s'impatiente ou s'angoisse, alors on veut aider la nature, lui donner un coup de main. Avec cet instrument, le médecin saisit délicatement la tête du bébé, il demande à la maman de pousser, de pousser et il tire doucement, doucement pour aider l'enfant à sortir, à glisser lentement, pour l'aider à venir au monde comme on dit.

Quelquefois, au cours de cette manœuvre, le crâne du bébé se déforme légèrement, il prend alors la forme d'un pain de sucre, comme un ballon ovale étiré vers le haut. Les parents sont un peu inquiets, ils demandent au médecin ou à la sage-femme si la tête du bébé va rester ainsi, toute déformée, avec des petits creux sur les tempes, là où les cuillers ont fait pression. On les rassure bien sûr, car rapidement, en quelques heures, en quelques jours tout au plus, tout reprend sa place et il n'y a plus de marques visibles. Plus de marques visibles, mais peut-être des traces intérieures plus profondes que ne le pensent certains parents !

D'autant que la plupart du temps, par la suite, les mamans (et les papas) n'aiment pas parler de cela et ils évitent de dire à leur enfant comment s'est passée sa naissance. Surtout quand elle a été difficile ! Ils préfèrent affirmer le contraire. Certains peuvent même ajouter : « Tu es sorti normalement, tu es passé comme une lettre à la poste ! » Et l'enfant, qui a déjà vu des adultes, ses parents mêmes, déposer une lettre à la poste, se demande où va cette lettre que l'on passe dans la fente de la boîte, où elle tombe. On la met de l'extérieur vers l'intérieur, mais l'intérieur de quoi ? Et que devient-elle par la suite ? L'expression « comme une lettre à la poste », c'est facile à dire pour un adulte, mais très difficile à comprendre pour un enfant.

Parfois un enfant s'interroge. Ce fut le cas de Léo, qui posait sans se décourager de nombreuses questions à sa mère :

« Comment je suis sorti de ton ventre, maman ?

– Comme ton frère…

– Je ne te parle pas de mon frère, mais de moi ! Comment je suis sorti de ton ventre, maman ?

– Mon chéri, je te dis que cela s'est bien passé. Tu étais le premier, ce fut long mais, quand tu es sorti, j'étais folle de joie en te voyant…

– Maman, une fois je t'ai entendue dire à ta meilleure amie que tu avais beaucoup souffert, tu lui as même dit : "Si j'avais su que c'était aussi douloureux, jamais je n'aurais eu d'enfant…"

– Tu sais, mon cœur, dans ces moments-là, on ne sait plus ce que l'on dit, moi je voulais vraiment que tu sortes et aujourd'hui tu es là, tu sais combien je t'aime. La preuve que c'étaient des bêtises ce que je disais, puisque ton père et moi on a décidé d'avoir un autre enfant et que ton frère est venu ensuite ! »

Avez-vous déjà remarqué que lorsque les parents (surtout les mères) sont confrontés à une situation délicate, à un problème relationnel difficile à dire, ils pensent s'en sortir en disant : « Mais tu sais, mon chéri, que je t'aime, que tu es mon fils adoré, que je donnerais ma vie pour toi ! »

Léo sentait bien que toutes ces réponses ne correspondaient pas à ce qu'il avait vécu.

« Tu sais, maman, si j'avais su que cela faisait aussi mal, moi je t'aurais bien aidée à sortir. On n'aurait pas eu besoin du docteur. Je me serais fait tout petit, tout petit, pour ne pas prendre trop de place. Je me serais mis du savon sur tout le corps pour mieux glisser, comme toi quand tes doigts sont trop gonflés et que tu veux enlever ton alliance.

– Tu es adorable, mon amour, mais un petit bébé ne peut pas aider sa maman à accoucher, c'est à la mère de faire tout le travail. D'ailleurs, on n'est pas toute seule, tu sais, on est aidée par le médecin, la sage-femme, ton papa qui était là et qui me soutenait la tête. Toutes ces personnes me soutenaient, me donnaient du courage.

– D'accord, mais tout de même, c'est à cause de moi que tu as eu si mal !

– Mon chéri, on t'a beaucoup aidé à sortir et tout s'est bien passé. Tu es là, c'est ça l'important… »

Mais Léo, vous l'avez déjà compris, n'avait pas aimé entendre cela. Il aurait voulu ne pas être aidé, il aurait voulu naître tout seul. Et surtout, il aurait souhaité que ce soit lui qui aide sa maman, pour qu'elle ne souffre pas. Vous savez peut-être que les enfants entendent beaucoup de choses au-dessus de leur tête, quand ils sont petits et qu'ils sont censés ne pas comprendre. Les adultes sont parfois naïfs, ils parlent entre eux, pensant que ce qu'ils disent n'est pas compris par les enfants qui les entourent.. « Quand j'ai entendu que le docteur demandait les cuillers, j'ai compris que j'allais avoir mal ! Au dernier moment, il a tiré un peu fort, pour passer les épaules et cela m'a déchirée. J'ai crié comme une bête. On a dû me faire trois points. Et j'ai mis plus d'un an à accepter de nouvelles relations sexuelles ! »

Léo avait bien compris que c'était de lui qu'il s'agissait. Souvent, devant la glace, il regardait ses épaules, il les trouvait un peu larges, il essayait de les rentrer, pour paraître plus mince. Il se comparait à son frère ou ses copains de classe.

À l'intérieur de lui, il se sentait coupable d'avoir déchiré, d'avoir fait souffrir sa maman.

Il sera important un jour de lui dire qu'il a pris sur lui une responsabilité qui ne lui appartenait pas ! Encore aurait-il fallu lui en parler, lui raconter comment il était né. Ce qui s'était passé exactement au moment de la sortie du ventre de sa maman. Que c'était bien le médecin qui avait pris la décision de le mettre au monde de cette façon. Que lui avait le droit de se trouver bien tout à l'intérieur. Qu'il avait eu peut-être envie de rester encore un peu. Qu'il avait eu raison d'hésiter, de réfléchir avant de sortir, quand on voyait ce qui risquait de l'attendre à l'extérieur, avec tout ce qui se passait dans le monde !

Si sa maman avait pu lui raconter sa naissance avec ses mots à elle, je crois que Léo aurait mieux accepté d'être né en étant aidé.

Mais voilà, les parents ont peur de faire de la peine à leurs enfants en disant ce qui s'est passé. Ils préfèrent cacher la part de vérité que contient toute réalité.

Le conte du petit élan qui avait perdu son papa

Ce qu'il y a de terrible dans la vie, c'est qu'on n'en sort jamais vivant. Mais en attendant, il est toujours possible d'aller au-delà de la perte pour entrer dans l'acceptation de la finitude.

Quand on annonça, ce soir-là, au jeune Tiwakan, qu'il avait « perdu » son papa, aussitôt dans sa tête d'enfant il se révolta et se dit silencieusement tout à l'intérieur de lui : « C'est pas vrai, moi je ne l'ai pas perdu ! D'ailleurs, je n'ai jamais rien perdu, alors mon papa, c'est pas moi qui le perdrais ! Je l'ai toujours dans mon cœur. C'est vrai, je ne le voyais pas beaucoup, de temps en temps seulement. Depuis qu'il était séparé de maman, je ne le voyais pas souvent, mais quand il était là, il était bien là, je ne pouvais pas le perdre. Quand il était avec moi, il restait près de moi. On ne peut pas perdre quelqu'un qu'on aime… parce que je l'aime, moi, mon papa ! » Durant une grande partie de la nuit, dans la maison de sa maman avec qui il vivait, Tiwakan continua de s'interroger : « C'est peut-être de sa faute, à mon papa, peut-être qu'il a fait une erreur, qu'il s'est trompé, qu'il a oublié où était sa nouvelle maison, qu'il s'est perdu tout seul. Et s'il est perdu, c'est qu'il a besoin de moi, alors je vais partir à sa recherche et le retrouver ! »

Et jusque très tard dans la nuit, couché dans son lit, très sage pour ne pas faire de la peine à sa maman, qu'il voyait pleurer et qui avait les yeux tout rouges, il imaginait que, très tôt au petit matin, il se lèverait, sans bruit, s'habillerait, remplirait un sac avec des vêtements de rechange, quelques affaires, son jeu préféré et aussi la montre que lui avait offerte son père pour son dernier anniversaire, et qu'il prendrait le train tout seul pour aller jusqu'à la forêt où vivait son papa, et là il commencerait à le chercher.

Tiwakan était un petit élan de neuf ans très décidé, qui n'avait peur de rien et qui, vous l'avez compris, se posait beaucoup de questions autour de cette expression répétée par sa mère : « Tu as perdu ton papa ! » Il savait bien que ce n'était pas lui qui avait perdu son père, donc ce ne pouvait être que son papa qui s'était perdu tout seul. Il continuait donc à s'interroger sur ce père perdu. « Peut-être qu'il s'est perdu à son travail ? Ou encore en allant voir sa maman (la grand-mère de Tiwakan) ? Ou bien en allant au cinéma ? » C'est ça, tout à fait ça : son père, qui aimait tant le cinéma, avait dû se perdre en voulant revenir chez lui, il n'avait pas retrouvé le chemin de sa maison. Peut-être aussi qu'il s'était perdu en voulant venir voir son fils ? « C'est sûr, se répétait Tiwakan, c'est à moi de le retrouver. »

Et pendant que toutes ces questions tournaient et retournaient dans sa tête, sa maman restait elle aussi éveillée, songeuse. Vous avez tous certainement compris que lorsqu'elle avait dit : « Tu as perdu ton papa », cela voulait dire que le père de Tiwakan était mort. Elle n'arrivait pas à s'endormir, ne sachant comment l'annoncer à son fils. Elle sentait bien qu'il lui faudrait parler à son enfant, qu'il serait nécessaire d'en dire un peu plus que « tu as perdu ton papa ». Qu'en fait cela voulait dire qu'il ne serait plus là pour lui parler, jouer, rire, crier ou lire son journal, ou faire des commentaires quand une émission de télé ne lui plaisait pas. Qu'il ne pourrait plus l'emmener en vacances, courir dans la forêt, lui expliquer comment trouver les meilleurs endroits pour s'alimenter, trouver la meilleure herbe. Et surtout qu'il ne viendrait plus l'embrasser le soir. C'est difficile pour une mère d'annoncer de telles nouvelles à son enfant.

Elle aurait voulu lui dire que lui, Tiwakan, pourrait toujours penser à son papa, garder le souvenir de tout le bon qu'ils avaient vécu ensemble, de l'amour qu'il avait reçu. Qu'il pourrait se rappeler les disputes qu'ils avaient pu avoir, donner moins d'importance aux malentendus et aux incompréhensions qui existent parfois entre un père et son fils…

Mais je crois que le plus difficile pour une femme qui a « perdu » à la fois son ex-mari et le père de son enfant, c'est d'oser dire qu'au fond, on ne sait pas ce qu'est la mort. Est-ce seulement l'arrêt de la vie ? Est-ce la fin de l'existence ? Est-ce uniquement le cœur qui cesse de battre et d'irriguer le cerveau et le reste du corps ? Est-ce le commencement d'une autre vie, d'une autre existence qui se passerait ailleurs ? Au paradis si on y croit ? Est-ce la possibilité de se réincarner dans un autre corps si on croit à la réincarnation ?

Chez les élans, comme chez les humains, la mort confronte non seulement à toutes ces interrogations mais aussi à notre vulnérabilité et, pour tout dire, à notre impuissance.

Peut-être cette mère saura-t-elle trouver les mots, les gestes, les regards, l'écoute pour faire passer à son enfant ce message important : « Oui, ton père est mort, cela veut dire que tu ne pourras plus le voir, que personne ne pourra plus le voir. Tu pourras continuer à penser à lui, à lui parler en toi, à l'aimer dans ton cœur. » Osera-t-elle lui dire : « Ceux qu'on a aimés continuent d'exister, quand on peut parler d'eux avec amour » ?

Le conte du papillon qui allait découvrir la différence entre un désir et un besoin

Nos désirs parfois sont capables de contrarier et même de maltraiter nos besoins, mais ces derniers sont capables d'avoir le dernier mot.

Tout le monde le sait, les papillons de nuit sont très attirés par la lumière. La moindre flamme d'une bougie, le plus petit éclat d'une ampoule allumée dans l'obscurité les attirent.

Certains soirs, nous les voyons voleter follement autour de toutes les boules ou les bulles de lumière qui peuvent scintiller sitôt que la lumière du jour disparaît. Et vous savez aussi que, dans les grandes villes, il y a aujourd'hui beaucoup de lampes allumées pratiquement toute la nuit pour éclairer des rues, des vitrines, et même des bougies quand il y a des fêtes ou pour des moments heureux en famille. Les papillons de nuit se précipitent parfois avec tant de fougue que leurs ailes grésillent et s'embrasent même contre des ampoules trop chaudes ou la flamme des bougies. Tout se passe comme si, aveuglés par leur propre enthousiasme, ils n'hésitaient pas à risquer leur vie, allaient vers leur perte ou se rendaient invalides à jamais.

Ces hécatombes ne découragent pas pour autant les autres papillons. Certains viennent de très loin, attirés par la plus petite des lueurs. On peut alors les voir accélérer, battre des ailes pour s'approcher le plus possible. Essayer à leur tour de percer le mystère d'une lumière toute proche, qui semble les attendre et ne briller en pleine nuit que pour eux. Non pas une lumière inaccessible comme celle des étoiles, mais une lumière qui semble les appeler et leur dire : « Viens vers moi, viens vers moi, que je te voie de plus près… »

Ainsi les papillons de plusieurs espèces peuvent se rassembler toutes les nuits, sans se connaître, et entourer n'importe qu'elle flamme, frôler les ampoules des réverbères ou à l'entrée des maisons, pénétrer dans une pièce si la fenêtre est restée ouverte et tournoyer sans relâche dans un vol plein d'ivresse.

Le petit papillon de nuit dont je veux vous parler s'appelait Compostelle, ce qui signifie « champ d'étoiles ». Il avait bien entendu ses parents lui dire : « Fais très attention quand tout au début de la nuit tu te laisseras guider par les odeurs, pour aller butiner quelques plantes que toi seul pourras sentir et reconnaître, fais très attention si tu vois une lumière, une lueur, une flamme qui bouge, ne t'approche pas trop près. C'est très dangereux. Peut-être seras-tu attiré par la lumière d'une ampoule, le scintillement d'une bougie, la clarté vivace d'un feu de plein air, mais tes ailes sont très fragiles, elles peuvent être blessées, abîmées, brûlées, par la proximité de la chaleur… »

Mais vous le savez comme moi, l'inquiétude des parents, du moins chez les papillons, agit très souvent comme un stimulant chez les enfants. À partir du moment où l'on a pointé leur attention sur un danger ou quelque chose à ne pas faire, leur curiosité, leur désir se réveillent et ils vont se précipiter justement sur ce qui leur a été interdit ou présenté comme dangereux !

Aussi, ce soir-là, Compostelle, dès qu'il vit une flamme au loin, s'envola vers elle, bien décidé à vérifier par lui-même si cette brillance était dangereuse ou amicale, s'il pouvait jouer avec, s'il allait découvrir quelque chose de nouveau. D'autant plus intéressant que ses parents ne voulaient pas qu'il s'en approche. Son désir était si fort qu'il avait complètement oublié les recommandations et les mises en garde de ces derniers. Quand il arriva tout près, il vit que la lumière était ronde, toute ronde, avec plusieurs cercles concentriques dont les plus brillants étaient au centre, sortant d'une boule blanche suspendue à un poteau. La boule scintillait, immobile, et déjà autour d'elle voletaient quelques papillons dont les ailes s'agitaient frénétiquement. Compostelle tenta dans un premier temps d'éviter de se cogner aux autres, à tous ceux qui virevoltaient autour de lui, dans le plus grand des désordres. « Ils vont me renverser, pensait-il, me casser une patte ou froisser une de mes ailes. » Il ne pouvait cependant s'empêcher de s'approcher, il aurait voulu se poser sur la grosse boule blanche au centre de toute cette luminosité. Il avait le sentiment que les cercles de lumière l'attiraient et le repoussaient en même temps. Qu'il était pris dans un courant qui le faisait s'élancer, reculer, sursauter, s'envoler encore et encore. Quelques minutes plus tard, un peu étourdi, mais pas découragé, le petit papillon s'éloigna du cercle et décida qu'il allait foncer droit, tout droit sur la boule et se poser dessus. Autour de lui d'autres papillons, plus fous les uns que les autres, l'encourageaient : « Allez, vas-y, fonce dessus, on dirait que tu as peur, regarde comme celui-là s'approche, comme il vire au dernier moment, allez, montre-nous ce que tu sais faire ! »

Vous savez comme moi que, chez les papillons, il est difficile de résister à de telles provocations : on a peur de passer pour un lâche, un faible ou un sans-courage si on ne fait pas comme les autres. Déjà qu'il y a quelque temps, plusieurs de ses amis, ou soi-disant amis, à la sortie de l'école, lui avaient dit : « Tu devrais faire comme nous, tu devrais fumer, tu devrais t'éclater… » Il n'aimait pas la fumée, mais il avait tout de même essayé pour éviter qu'on se moque de lui, pour ne pas se faire rejeter, puis il avait renoncé très rapidement. À ce moment-là il ne savait pas encore qu'il s'était respecté, qu'il s'était choisi au lieu de « faire comme les autres ». Mais ce soir, il lui paraissait difficile de résister, puisque cela correspondait aussi à son désir, du moins le croyait-il…

Alors Compostelle prit son élan, monta vers le ciel, inclina ses ailes et s'apprêta à descendre à toute vitesse sur l'énorme ampoule du réverbère qu'il voyait comme une grosse boule de lumière.

Soudain il entendit tout près de lui une petite papillonne qui lui disait : « Toi aussi tu as envie d'aller voir de plus près ! Toi aussi tu veux prendre le risque de te brûler comme mon meilleur ami qui était là hier soir et qui aujourd'hui gît à terre, carbonisé, mort ! »

Compostelle s'arrêta tout net et répondit :

« Je ne veux pas mourir, je veux seulement me poser sur cette grosse boule blanche, pleine de lumière.

– Je vois que tu ne sais pas encore la différence entre un besoin et un désir, lui répondit la petite papillonne.

– Comment cela ? Qu'est-ce que tu me racontes ? Je sais parfaitement ce qu'est un désir ! C'est quand on a envie de faire quelque chose qui va nous faire plaisir, et un besoin, c'est pratiquement la même chose !

– C'est ce que tu crois, comme moi-même je le croyais il y a quelques heures encore. Maintenant je sais que tous les désirs ne sont pas toujours réalisables. Qu'il y a des désirs qui peuvent rester à l'état de désir, dans notre cœur, dans notre tête. Je sais aussi que les besoins, c'est tout ce qui préserve la vie, ce qui nous permet d'exister et surtout de rester vivants ! »

Je ne sais si vous pouvez imaginer cette discussion, très sérieuse, entre deux papillons, qui voletaient très haut au-dessus d'un lampadaire en pleine nuit, avec autour d'eux une multitude de papillons qui tourbillonnaient, s'élançaient, s'approchaient puis s'éloignaient ou allaient s'écraser contre la boule de lumière de plus en plus brûlante.

Après avoir réfléchi, Compostelle demanda encore :

« Alors, on ne peut pas toujours faire ce que l'on a envie de faire ?

– Non, pas toujours. On peut faire beaucoup de choses, réaliser quelques-uns de nos désirs, bien sûr, s'ils ne sont pas en opposition avec nos besoins. Mais il faut se rappeler que ce sont nos besoins qui sont plus importants, certains sont essentiels. Est-ce que tu connais par exemple tes principaux besoins ?

– Je crois que je les connais, ils ne sont pas nombreux : butiner, me nourrir, dormir, me reposer, avoir des ailes en bon état pour voler où je veux. »

Il réfléchit encore un peu puis dit en rougissant :

« J'ai aussi besoin d'être aimé et d'aimer, et pas seulement mes parents. J'ai aussi plein de désirs, comme voyager, me poser sur l'eau, monter très haut dans le ciel, aller voir une étoile, et surtout m'approcher de cette grosse boule lumineuse, ce que j'allais faire avant que tu ne me parles !

– Moi aussi, chuchota la papillonne, j'ai des désirs, mais j'ai découvert qu'il était important qu'ils soient en accord avec mes besoins relationnels.

– Qu'est-ce que c'est, un besoin relationnel ?

– Pour moi il y en a beaucoup, dont six qui sont très importants et que je tente de respecter dans ma propre vie. Par exemple, le besoin de parler, de m'exprimer, de dire ce que je ressens, ce que j'éprouve, où j'en suis de mes sentiments. J'ai aussi besoin d'être entendue. Là, en te parlant, je me sens entendue, cela ne veut pas dire que tu dois être d'accord avec moi ou avoir le même point de vue, cela veut dire que, dans un échange, j'ai besoin de sentir que ce que je dis est arrivé jusqu'à l'autre. Ce que je sens d'ailleurs avec toi. J'ai aussi le besoin d'avoir une intimité ou un jardin secret pour moi seule, et j'ai aussi besoin de rêver. De rêver que demain sera meilleur qu'aujourd'hui et qu'après-demain plus beau que demain. »

Compostelle se sentit soudain très fier ; il avait le sentiment que c'était la première fois que quelqu'un le remerciait de simplement l'écouter, sans l'interrompre. Il demanda :

« Quels sont les autres besoins relationnels que nous avons ?

– Il y a aussi le besoin d'être reconnu. Mais attention, d'être reconnus tels que nous sommes, tels que nous nous sentons et non pas comme les autres croient ou pensent que nous devrions être ! Souvent, j'ai l'impression que mes parents ne voient qu'une partie de moi, surtout quand je fais quelque chose qui ne leur convient pas. Un autre besoin important pour moi, c'est d'être valorisée. Cela veut dire que j'ai besoin que ceux que j'aime portent un regard positif sur moi, me donnent le sentiment que j'ai une valeur pour eux, que je compte pour eux, qu'ils peuvent eux aussi compter sur moi....

– C'est aussi un besoin important pour moi, lui chuchota Compostelle. Car je constate que mon père ne me fait pas assez confiance, qu'il doute de moi, que certains de mes amis, qu'il connaît peu, ont plus de valeur pour lui que je n'en ai à ses yeux !

– Il y a aussi le besoin d'intimité. Tu sais, quand on a envie d'être seul, de s'enfermer dans sa chambre, de ne pas être dérangé ou de ne pas toujours être obligé de répondre aux questions de sa mère : "Qu'est-ce que tu as fait ? Qu'est-ce que tu vas faire ? Où étais-tu ? Qu'est-ce que tu penses ? Qui t'a appelé au téléphone ?"

– Moi, je déteste ça, et quand ma mère me pose des questions, je ne réponds pas ou je fuis. Elle croit que je ne l'aime pas, ce n'est pas vrai : je l'aime beaucoup, elle est importante pour moi, mais c'est vrai que j'ai besoin qu'on respecte mon intimité. Les parents veulent toujours savoir ce qu'on a dans la tête, si on a bien travaillé en classe, si on n'est pas malheureux, qui on fréquente, si on n'a pas menti. C'est pénible ! J'ai même mis un écriteau sur la porte de ma chambre, "Défense d'entrer sans permission".

– Et puis, tu sais, lui dit encore la petite papillonne, il y a un autre besoin important, c'est celui de pouvoir exercer un peu d'influence sur les autres. Surtout sur ceux qui prétendent nous aimer, nos parents, nos amis. Que de temps en temps ils acceptent notre point de vue, qu'ils n'essaient pas d'avoir toujours raison ou de vouloir nous convaincre que leur point de vue est meilleur que le nôtre !

– Je ne savais pas que nous avions autant de besoins ! Et tu appelles tout ça des "besoins relationnels" ?

– Ce sont des besoins importants parce qu'ils sont à la base de toutes nos relations. Quand ils sont comblés, dans un échange ou un partage, ils nous dynamisent, nous donnent beaucoup d'énergie, confirment toute la vivance de notre vie, nous permettent d'engranger de la confiance et de l'estime pour nous-mêmes. Quand ces besoins sont satisfaits, nous avons le sentiment que nous pouvons mieux nous aimer. »

Tout cela laissa Compostelle très songeur. Il n'avait plus envie d'aller vers la lumière artificielle d'une ampoule de lampadaire, ni risquer de se brûler les ailes à la flamme d'une bougie. Il aurait voulu poursuivre cet échange avec la petite papillonne qu'il trouvait très sympathique. Aussi, ce soir-là, avant de se quitter, ils se promirent de se revoir.

Au moment de se séparer, après qu'ils se furent embrassés, comme font les papillons, en bougeant doucement les petites antennes qu'ils ont sur leur front, il lui dit : « J'ai vraiment le désir de te revoir. »

Elle lui demanda en souriant : « Est-ce un désir ou un besoin ? »

Et Compostelle lui dit gravement : « Je crois que c'est un désir qui va se transformer en besoin ! »

On croit savoir qu'à partir de ce soir-là, Compostelle renonça à cette sorte de drogue dont avaient besoin certains papillons. À ce faux désir d'aller vers les lumières qui sont à l'extérieur, pour au contraire s'approcher d'un peu plus près d'une autre lumière, très vivante celle-là, qu'il y avait en lui et qui s'appelait amour.

Le conte du lion qui ne savait pas qu'il vivait en permanence avec un autosaboteur

Nous avons de nombreux autosaboteurs qui nous accompagnent au long de notre existence, ils peuvent stériliser notre vie si nous leur laissons prendre trop de place en nous.

Il était une fois, dans la pleine maturité de sa vie, un lion que j'appellerai Ciré. Ce lion ne savait pas qu'il vivait en permanence avec un autosaboteur, une sorte de double qui s'était installé confortablement et durablement à l'intérieur de lui. Ce phénomène est plus fréquent qu'on ne l'imagine au royaume des lions. Certains d'entre eux en sont conscients, d'autres pas. Ceux qui sont lucides peuvent reconnaître cette autre partie d'eux-mêmes, qui n'est pas un simple reflet ou un effet miroir mais l'équivalent d'un clone, d'un jumeau, comme un deuxième moi enkysté en eux. Je les invite d'ailleurs à donner un nom à leur autosaboteur préféré, pour mieux se différencier, pour ne pas être confondus avec lui et pour pouvoir repérer les agissements de cet intrus.

Ainsi ai-je moi-même cohabité de longues années avec mon double, que j'avais nommé Arthur. Un nom qui sonne comme une fanfare. Arthur était un redoutable saboteur, très consciencieux, qui veillait en permanence sur mes relations et mes activités.

Dans un premier temps il se manifestait de façon subtile par des doutes, des inquiétudes, puis rapidement par des interrogations polluantes, des autodisqualifications, des culpabilisations anticipatoires, des hésitations ou la pression d'une angoisse qui surgissait et me poussait soit à renoncer, soit à fuir dans le faire, dans l'activisme, dans le passage à l'acte réactionnel, ce qui en général n'arrangeait rien. Arthur m'invitait à penser à la place de l'autre, à imaginer pour lui ce qui pourrait se passer si je faisais ceci ou cela, il prévoyait les conséquences (toujours négatives et catastrophiques) de mes intentions. Ce qui avait pour effet de me bloquer, de me paralyser et me faisait renoncer à la plupart des rencontres que j'aurais pu vivre, de laisser en plan des projets que j'aurais pu réaliser et réussir. Ou encore il me faisait aller dans un sens ou une direction qui n'étaient plus du tout les miens, mais que je prenais pour ne pas faire de la peine, pour que l'autre ne pense pas que j'étais un égoïste, ou ceci, ou cela ! Arthur était ainsi à l'origine d'une redoutable répression imaginaire qui contaminait à tout instant ma vie, et en particulier les moments où j'aurais pu être heureux, satisfait, comblé. Il surgissait dans les moments les plus inattendus, en me laissant croire qu'il prenait soin de moi, comme s'il voulait me protéger, mais en réalité pour me diminuer, me nier et alimenter un autosabotage subtil. Il prenait, malgré moi, de plus en plus de pouvoir sur moi.

Le double que nous portons n'est pas toujours négatif, comme celui que je viens de décrire. Il peut être complémentaire ou d'un antagonisme stimulant, il peut aussi se révéler un allié fidèle qui va nous épauler dans les moments difficiles.

Mais dans le cas de Ciré, ce double était vraiment nocif dans le sens où il s'arrangeait pour saboter ses décisions, ses projets, ses engagements amoureux ou professionnels, ses réussites potentielles. Un double qui ne lui voulait pas du bien, pas du tout, qui s'organisait sur un mode parasitaire, quasi automatique, pour annuler tout ce qui aurait pu favoriser l'épanouissement de Ciré.

Son autosaboteur utilisait au départ un moyen très simple : il suscitait un laisser-aller, un laisser-faire pas du tout désagréable, qui se transformait insidieusement en passivité. Une passivité que l'on pouvait prendre pour de la sérénité, pour du calme, de la réflexion, une distanciation « nécessaire pour ne pas se laisser emporter dans le flot des sollicitations ou des urgences de la vie ». Passivité qui lui faisait remettre à demain, à plus tard, à un autre moment indéterminé, une décision importante, un coup de téléphone, l'engagement de ne plus fumer, de surveiller son alimentation, de prendre soin de son corps, de prendre sa douche, de se couper les ongles, de penser à se vêtir avec plus d'élégance. Passivité qui faisait reculer jusqu'à l'extrême limite les choix à faire, et ceux-ci se rétrécissaient jusqu'à ce qu'il ne reste en bout de course qu'une seule alternative (pas nécessairement la meilleure). Par ailleurs, toutes ces décisions reportées, ces atermoiements qui s'accumulaient dans la vie de Ciré s'ajoutaient les uns aux autres, se mélangeaient, se concurrençaient, encombraient son esprit et mobilisaient une énergie considérable, ce qui freinait sa disponibilité, le rendait peu ouvert et peu réceptif à tout ce qu'il aurait pu vivre de bon et surtout à la possibilité de savourer le présent au présent.

L'autosaboteur de Ciré était particulièrement actif dans trois grands registres de sa vie.

- D'une part, dans les rencontres amoureuses de Ciré, tout se passait comme si son autosaboteur préféré s'arrangeait pour lui faire choisir et s'attacher à des lionnes asociales, insupportables, quasiment invivables, qui au départ se montraient affectueuses, tendres, puis se révélaient de véritables mégères, exigeantes, frustrantes, pouvant l'exploiter sans vergogne ou se replier dans des refus, des silences culpabilisateurs et dévitalisants. Sa vie affective, amoureuse et sexuelle était ainsi un grand champ en friche sur lequel toutes les potentialités de Ciré, qui étaient pourtant très vivantes et dynamiques, se flétrissaient, se stérilisaient.

• D'autre part, l'autosaboteur de Ciré se manifestait dans le domaine professionnel en le poussant, en l'encourageant à développer des actions pour lesquelles celui-ci n'avait justement pas de compétences ou peu d'habileté, comme la gestion, l'organisation, l'animation d'une équipe. Alors que Ciré était plutôt un individualiste créatif, un rêveur génial, un bâtisseur de projets. C'est pour cela qu'il aurait eu besoin pour réussir d'une structure extérieure stable, solide, cohérente pour encadrer, soutenir, valoriser ses projets. Son autosaboteur le poussait au contraire à essayer de tout résoudre par lui-même.

• Également, dans le domaine social et culturel, Ciré avait une grande sensibilité musicale, c'était un lecteur avisé, avec des goûts affirmés vers le beau et l'esthétique. Mais sa vie sociale était réduite à néant, son saboteur trouvant toujours des prétextes pour le retarder, lui faire manquer l'heure, l'empêcher de se préparer à temps, de s'habiller correctement pour tenir sa place dans une rencontre. Il se laissait facilement définir par les positions de sa compagne, pensant que son acceptation arrangerait les choses alors que cela était vécu par elle comme une faiblesse, un manque de maturité.

Il faut que je vous dise cependant que Ciré avait depuis l'enfance un modèle de référence qui ne l'avait pas beaucoup aidé. Il avait, pourrait-on dire, le malheur d'avoir un père trop puissant. Celui-ci était un lion issu d'un milieu populaire. Parti de très bas il réussissait tout ce qu'il entreprenait. Non parce qu'il était lui-même extraordinaire ou génial, mais parce qu'il avait une ténacité, une confiance en lui, un enthousiasme pour ce qu'il faisait qui lui faisaient dépasser tous les obstacles, traverser toutes les difficultés, vaincre toutes les oppositions. Ce lion avait une capacité de centration qui le rendait extrêmement performant, capable de conduire plusieurs actions en même temps, d'élaborer et de vivre plusieurs projets de vie dans une même période.

Peut-être Ciré devrait-il s'interroger sur le lien, la fidélité qu'il a à l'égard de son géniteur. Peut-être son autosaboteur lui évite-t-il ainsi de se mesurer à ce père, en l'enfermant dans la croyance que ce serait trop dangereux de réussir, de s'accomplir, de dépasser son père.

L'histoire de Ciré me fait penser à ma grand mère qui disait à ceux qui s'arrangent pour toujours échouer : « À qui auriez-vous peur de faire de la peine si vous réussissiez ? Si vous acceptiez d'être heureux ? Si vous accomplissiez le meilleur de vous, qui de vos proches ou connaissances serait le plus malheureux en apprenant votre réussite ? »

Au pays des lions, comme parfois dans le monde des hommes, il faut savoir renoncer à son autosaboteur préféré, pour accepter d'être plus soi-même et se réaliser au plus près de ses possibles.

Le conte du jardinier d'amour

Des forces d'amour et des forces de destruction cohabitent en chacun de nous. Il est important et vital d'aider les forces d'amour, non seulement à trouver leur place, mais aussi à se développer à chaque instant de notre vie.

Peu de gens savent que dans les pays qui entrent dans une période de guerre, de famine, de catastrophes, où se déroulent des événements terribles qui vont violenter, blesser, changer la vie de milliers, de dizaines de milliers parfois d'êtres humains, il y a des femmes, des enfants et des hommes qui se réveillent, se lèvent, se mettent en marche et qui vont devenir des jardiniers d'amour. Je ne sais comment cela se passe exactement, mais c'est ainsi : dans les moments de crise, des jardiniers d'amour apparaissent.

Car, vous pouvez l'imaginer, chaque fois que le mal se répand, que la souffrance augmente, que la misère et l'injustice s'accroissent, l'amour est lui aussi en souffrance et en péril de disparaître à jamais. C'est dans les périodes de guerre, de violence qu'il est le plus rejeté, oublié, piétiné, qu'il paraît le plus ridicule et impuissant à changer le cours de l'histoire, à modifier le déroulement des événements. C'est dans les moments où le chaos suscite désarroi et violence sur son parcours, que la raison des hommes est emportée dans un tourbillon de folie aveugle qui dévaste tout sur son passage à l'extérieur comme à l'intérieur de chacun. De plus, depuis quelques décennies, l'homme a décidé de violenter aussi la Terre qui l'a accueilli il y a bien longtemps, en créant entre autres des villes immenses qui repoussent la nature encore plus loin, en bétonnant les côtes des mers et des océans par des immeubles et des parkings, en polluant les rivières et les fleuves, en transformant les montagnes et les îles en centres de loisirs bruyants et nauséabonds.

Vous vous interrogez certainement : « Mais que vont faire ces jardiniers d'amour ? Que peuvent-ils changer ? »

Je vais aller au plus simple et vous raconter l'histoire de l'un d'eux. Ce que fut sa vie et comment il réussit à implanter un peu plus d'amour autour de lui.

Cet homme-là qui, dans un premier temps de sa vie, ne s'était pas préoccupé des désordres qui parsemaient le monde, dont pourtant les journaux, comme la radio et la télévision, se faisaient l'écho sans limites, se réveilla un matin avec le sentiment qu'il fallait faire quelque chose. Faire quoi ? Il ne le savait pas encore. Mais à l'intérieur de lui vibrait comme un signal, un appel qui lui faisait comprendre qu'il devait ajouter quelque chose à sa vie. Ce sentiment d'urgence augmenta quand il vit un jour, en allant chercher son courrier, que les quatre beaux et vénérables platanes de la place de son village avaient été cisaillés au ras du sol et que le lendemain d'énormes bulldozers étaient déjà à l'œuvre pour défoncer la terre, en extraire les dernières racines et que, huit jours après, toute la place était recouverte d'un goudron noir, lisse, parfait, avec des marques blanches pour indiquer l'emplacement des futures voitures de ce nouveau parking. À la suite de cette découverte, il décida de planter quatre arbres, dans un petit terrain en friche, pas très loin de chez lui, et même d'en ajouter un cinquième pour tenir compagnie aux quatre premiers. C'est en allant les arroser régulièrement durant plusieurs mois qu'il imagina pouvoir introduire dans sa vie un geste, une action, une conduite porteuse d'amour, de tendresse ou de bienveillance chaque fois qu'il aurait connaissance d'un abus, d'une injustice, d'une violence qui serait faite, de par le monde, à toute espèce vivante.

Dès le lendemain, son engagement fut mis à l'épreuve. Tout près, dans la ville voisine, une vieille dame avait été gravement agressée par un inconnu. Aussitôt il prit la décision d'aller voir cette femme, de l'écouter, puis de revenir pour lui offrir un livre après qu'elle lui eut dit combien elle aimait lire.

Chaque jour allait lui révéler une action à entreprendre, un acte à poser comme pour colmater les excès et les dérives de l'humanité : préparer un repas léger pour cet homme qui venait de perdre sa femme, écrire une lettre à un critique qui avait malmené durement non seulement le livre d'un débutant, mais aussi sa personne en la bafouant publiquement, participer à une marche contre l'implantation d'une décharge de produits toxiques…

Vous allez me dire très certainement que ce genre d'actions – planter quelques arbres, offrir un livre, préparer un bol de soupe, écrire une lettre – ne représentent pas nécessairement un acte d'amour. Qu'il est facile de s'indigner, de protester, de manifester sans pour autant apporter plus d'amour au monde. Vous avez raison, car je ne vous raconte là que le début d'un cheminement, la mise en place d'un processus d'éveil à l'amour. Il existe une grande variété de graines qui peuvent, si on les laisse germer, devenir les prémices d'un amour plus universel. D'un amour qui dépasse le singulier, le personnel et l'intime, celui que l'on peut éprouver envers une personne précise, pour s'ouvrir de façon plus large aux autres et parfois à l'humanité tout entière.

Ainsi, en commençant à déposer, autour de lui, quelques graines de bienveillance, de respect, de solidarité, d'attention, de gentillesse, de sourire, celui qui allait devenir un jardinier d'amour préparait le terrain. Il savait qu'il fallait arroser, sarcler, débroussailler, élaguer pour permettre à une toute petite graine, au départ d'aspect fragile, de germer, de pousser, de fleurir, pour donner d'autres graines à son tour, puis se répandre et ensoleiller le cœur de ceux et celles qui soudain se sentaient touchés, transformés, transportés, avec l'envie, pour quelques-uns, de devenir, à leur tour, des jardiniers d'amour.

Je peux imaginer que certains d'entre vous, en me lisant, sentiront en eux qu'il leur est possible de devenir des jardiniers d'amour, qu'ils peuvent dès aujourd'hui commencer à planter une graine de tendresse, d'attention ou de bonté dans leur entourage.

Le conte de l'homme qui n'avait pas appris la politesse

Il y a beaucoup de plaisir à cultiver la politesse. Plaisir double : d'une part pour celui qui la reçoit, d'autre part pour celui qui la propose.

Sur la planète qui s'appelle la Terre, une toute petite planète dans l'immensité de l'univers qui, comme vous le savez, contient une infinité de galaxies, elles-mêmes constituées de milliards d'étoiles et de milliards de planètes, sur cette planète donc vivent les hommes. Sur cette planète se reproduit l'espèce humaine. Espèce qu'on ne trouve nulle part ailleurs, ce qui semble curieux (quand on pense aux dimensions de l'univers) ou ce qui est une bonne chose (quand on pense que cette espèce est constituée de redoutables prédateurs). C'est vraiment une espèce très particulière, car douée de beaucoup d'intelligence, qui mériterait d'être protégée d'abord contre elle-même ou peut-être définitivement supprimée, tant elle est à l'origine de guerres, de violences et d'abus de toutes sortes. En effet, les humains sont à ce jour les plus grands prédateurs connus de l'univers. Ils sont capables de destructions effroyables à très grande échelle, tant sur les autres espèces que sur leurs semblables ainsi que sur eux-mêmes. Leur créativité dans ce domaine est inouïe, ils sont capables d'inventions magnifiques destinées à améliorer leur existence, que très rapidement ils peuvent détourner, modifier ou utiliser pour faire le plus de mal possible avec une efficacité redoutable.

Les humains ont une longue histoire parsemée de luttes pour la survie, face aux autres espèces, pour l'appropriation de nouveaux territoires, de nouvelles richesses. Avec ténacité aussi ils ont mis des milliers d'années pour tenter d'apprendre à vivre ensemble, malgré la tentation qu'ils avaient de vouloir se détruire, chaque fois qu'ils le pouvaient. Ils se sont multipliés, ont adoré des dieux très différents, tous persuadés que celui auquel ils croient est le seul et le meilleur. Ils se sont multipliés, et aujourd'hui ils sont quelque six milliards d'hommes et de femmes à avoir colonisé la Terre, sans pour autant pouvoir vivre en paix, loin s'en faut, car à chaque instant, au moment même où j'écris ce conte, des humains se font la guerre, se tuent, sont torturés, des enfants meurent de faim, des femmes sont violentées, des familles entières sont décimées, des terroristes font sauter des bombes dans des endroits publics, des savants inventent de nouvelles armes et de nouvelles façons de faire disparaître leurs semblables le plus vite possible.

Même si dans le même temps d'autres savants se dévouent pour permettre à des bébés de toutes les couleurs de venir au monde dans de meilleures conditions, de prolonger la vie bien au-delà de tout ce que l'homme a connu à ce jour, de trouver de nouveaux médicaments, de réparer, de remplacer les organes défaillants du corps, d'inventer de nouveaux produits alimentaires, de chercher des sources d'énergie étonnantes pour aller à la rencontre des étoiles.

Il faut dire qu'au cours des siècles s'étaient créées dans les communautés, entre les nations et les différents pays, des habitudes et des coutumes destinées à favoriser, tant au niveau des familles que des villages ou des villes, une vie en commun acceptable par le plus grand nombre.

Même si tout cela restait très fragile, cela existait. Les uns et les autres avaient adopté des conduites et des comportements pour mieux vivre ensemble. Ces règles de vie minimales étaient enseignées dans les familles par les parents aux enfants. Elles s'étaient suffisamment répandues pour permettre à chacun de fréquenter ses semblables sans trop de heurts ou de malentendus. Il s'agissait de gestes, d'attitudes et de signes parfois très différents d'un pays à l'autre, mais suffisamment reconnaissables pour être compris et entendus comme des invitations de paix, de bienveillance et même de gentillesse. Ainsi existait, il y a encore quelques années, un ensemble de signaux reconnus par la plupart des gens, comme des signes dits de politesse, de savoir-vivre et de reconnaissance, qui faisaient que des hommes et des femmes originaires de milieux ou de cultures très éloignés pouvaient cohabiter, se rendre visite, se fréquenter, s'inviter, se connaître et parfois s'apprécier sans trop d'erreurs et avoir même, pourquoi pas, du plaisir à être ensemble.

Dans beaucoup de familles, c'est souvent aux mères qu'incombait, depuis toujours, l'apprentissage de la politesse aux enfants. Ce sont elles qui montraient, rappelaient, inculquaient tous ces petits gestes pour se présenter, entrer en relation, éviter non seulement de mettre les autres mal à l'aise, mais aussi les inviter à se sentir bien, à se détendre, à recevoir ce que nous pouvons leur offrir ou simplement échanger sur le plan verbal.

Toutes les situations de la vie courante sont concernées par les gestes élémentaires de la politesse. Comment se présenter à quelqu'un de plus âgé, à une dame, avoir le plaisir de se lever pour lui faire une place, rester en retrait, s'incliner, attendre qu'on vous tende la main, la saisir sans la broyer, utiliser dans certaines circonstances et dans certains milieux : le baise-main, le baiser fraternel ou l'étreinte amicale. Comment se comporter devant des inconnus, commencer un échange. Comment passer à table, s'asseoir au bon moment, tenir ses couverts, manger, boire, utiliser sa fourchette sans son couteau ou les deux, s'essuyer la bouche, rompre le pain. Et tant d'autres recommandations très utiles pour différentes circonstances de la vie.

Cet homme dont je voudrais vous parler n'avait peut-être pas reçu d'éducation en ce sens ou encore l'avait-il oubliée (peut-être même considérait-il comme sans importance ces gestes essentiels auxquels nous sommes habitués, que nous faisons de façon quasi automatique tellement ils nous sont familiers). Ces gestes simples et nécessaires pour lesquels les femmes en particulier ont une grande sensibilité, auxquels elles attachent souvent beaucoup d'attention.

Par exemple, à table, en présence de sa femme, cet homme se servait le premier, négligeant même de lui présenter le plat avant de se servir. Un jour, alors qu'il déjeunait avec une jeune femme par laquelle il était attiré, oubliant ou ne percevant pas combien ses attitudes pouvaient être blessantes pour son invitée, celle-ci se leva et le quitta, le laissant seul face à son assiette qu'il avait commencé à dévorer, sans même attendre qu'elle ait eu le temps de déplier sa serviette. Elle prétexta qu'elle se sentait mal à l'aise dans une telle situation et qu'elle préférait se retrouver seule.

Cet homme avait été très surpris, plus qu'étonné, choqué. Il ne se rappelait pas que quelqu'un de sa famille, sa mère ou une autre personne, ait pu lui apprendre à manger en fermant la bouche, à mastiquer sans faire de bruit, à terminer sa bouchée avant de boire. Ou encore à ne pas se nettoyer les ongles en public, que ce soit avec une lime à ongles ou le couteau à fromage…

Il ne sentait pas qu'il était mal venu de se curer le nez avec application en présence de quelqu'un de proche ou de moins proche, occupation qui lui prenait parfois plusieurs minutes tant son nez lui paraissait encombré... Il était difficile de lui faire remarquer que se gratter le ventre (qu'il avait proéminent) pouvait se faire bien sûr, mais ailleurs qu'en public, dans un endroit plus discret que la bibliothèque ou le salon où il était reçu...

Cet homme qui avait oublié les marques les plus élémentaires de la politesse avait créé une sorte de vide autour de lui. Y compris dans sa famille. Sa femme avait remarqué qu'il ne se lavait pas les mains après être passé aux toilettes, qu'il négligeait même une marque de politesse de base, qu'il aurait dû avoir envers lui-même, consistant à prendre soin de lui-même, de se respecter, d'honorer son corps. Je ne parle pas de l'horrible odeur de tabac qu'il véhiculait et dont aucun dentifrice ou parfum ne venait à bout, ni de la propreté douteuse de sa personne et de ses sous-vêtements. Ce fut une de ses filles qui lui dit un jour : « Je ne sais pas si tu as déjà entendu dire, papa, qu'il est possible, pour un homme, de se laver les pieds plus d'une fois par semaine ! »

Si la politesse est l'ensemble des signaux que nous envoyons, que nous pouvons proposer pour indiquer à l'autre que nous ne sommes pas dangereux ou intrusifs, que nous sommes fréquentables, que nous ne voulons pas lui imposer une gêne quelconque s'il nous fréquente, nous pouvons entendre combien il est nécessaire d'apprendre et de mettre en pratique quelques-unes de ces notions.

Est-il déjà trop tard, dans le monde d'aujourd'hui, pour apprendre à cet homme quelques éléments de politesse minimale ? Je le crains. La politesse s'apprend très tôt, elle est transmise par ceux qui nous aiment, elle est véhiculée au quotidien, à travers les actes les plus ordinaires de la vie. Elle s'apprend auprès de ceux qui nous veulent du bien.

Si la politesse disparaissait totalement, je crains que la vie en commun ne devienne de plus en plus difficile, de plus en plus risquée, dangereuse ou plus simplement impossible.

En attendant, qui d'entre nous pourrait apprendre à cet homme les bases de la politesse ?

Un enfant à qui j'avais posé cette question m'a répondu sans hésiter : « Quelqu'un qui l'aimera. » Je souhaite à cet homme de trouver quelqu'un (une femme peut-être, son enfant, un être proche) qui l'aimera suffisamment pour lui donner envie d'apprendre les quelques signes, gestes, comportements qui le rendront plus fréquentable.

Ma grand-mère disait : « La politesse permet d'être en paix avec le meilleur de soi et cette paix intérieure est à la source de la paix dans le monde. » Je crois qu'elle avait raison.

Le conte de l'antilope qui se sentait exclue

Dans un couple recomposé, indépendamment des sentiments positifs (ou moins positifs) qui circuleront, entre adultes et enfants, il y aura deux niveaux de relations à vivre : des relations choisies ou désirées et des relations imposées pas nécessairement désirées.

Il faut que je vous dise d'abord que cette antilope – appelons-la Any – s'était remariée après avoir divorcé ; cela est assez fréquent chez les antilopes, qui n'aiment pas rester trop longtemps dans la solitude. Son nouveau mari s'appelait Anton. Anton, qui était lui aussi divorcé, avait deux enfants de son premier mariage (cela arrive aussi) et il aimait très fort Any. Celle-ci représentait beaucoup pour lui, même s'il ne savait pas toujours le lui dire ou le lui manifester. Car les antilopes mâles ont beaucoup, beaucoup de mal à exprimer leurs sentiments. Ils pensent qu'il suffit d'aimer et que cela doit se voir suffisamment pour leur éviter de le dire !

Comme beaucoup de pères séparés de leurs enfants, car ceux-ci vivaient (comme c'est fréquent chez les antilopes) avec leur mère, Anton avait un grand attachement pour eux, qu'il tentait de montrer par beaucoup d'amour et d'attentions chaque fois que ceux-ci venaient chez lui, deux fins de semaine par mois et aux vacances. Peut-être se sentait-il coupable d'avoir divorcé, d'avoir quitté sa première épouse qui était la mère de ses enfants. Il se faisait (dans sa tête) le reproche de ne pas être assez présent dans leur quotidien, de ne plus participer à leurs jeux, de ne pas assez veiller sur leurs études, de vivre avec eux une relation discontinue, trop hachée, morcelée, alors que quelques années auparavant ils constituaient tous ensemble une famille unie.

Dans son nouveau couple, au bout de quelques mois, Any ressentit du malaise et même du mal-être. Elle n'avait pas eu d'enfant dans son premier mariage, elle aurait voulu en avoir avec Anton, son mari actuel qui, lui, ne se sentait pas prêt. Aussi Any vivait-elle mal les visites (deux week-ends par mois, comme cela se pratique au pays des antilopes) des enfants que son nouveau mari avait eu du premier mariage. Sitôt qu'ils arrivaient chez leur père, ils envahissaient la maison, ils laissaient traîner leurs affaires partout, poussaient des cris, bref, ils étaient chez eux.

Pour Any, ce qu'elle appelait « chez nous » ressemblait à ce qu'elle imaginait être l'enfer ! Ce n'était plus « chez nous » mais c'était devenu « chez eux ». Elle se plaignait à ses amies : « Quand ils sont là, je ne suis même plus chez moi, je ne sais plus où trouver un coin tranquille, ils débarquent dans la salle d'eau sans prévenir, entrent dans ma chambre pour chercher des affaires qui n'y sont pas ! Ils laissent traîner leur linge, leurs jouets ou des trognons de pomme, ne tirent jamais la chasse d'eau, mangent n'importe quoi, n'importe quand, mais surtout pas ce que je leur prépare, ne sont jamais contents de leurs vêtements, réclament des choses impossibles comme si leur père était un tiroir-caisse à leur disposition. Et lui, il ne voit rien, tout lui semble normal, il ne sait pas dire non, il les laisse tout faire… » Tout cela et bien d'autres choses encore se bousculaient dans la tête d'Any.

Quelques jours avant qu'ils n'arrivent (le fameux week-end ou la moitié des vacances scolaires), elle commençait à s'angoisser. Car elle aurait tant voulu leur faire plaisir, se faire aimer d'eux ou, comme elle disait avec désespoir : « Je voudrais bien servir à quelque chose d'utile, pouvoir leur apprendre la politesse, leur inculquer des bonnes manières, leur offrir une nourriture saine, susciter entre eux et avec eux des discussions sérieuses… » Elle commençait donc à ruminer et, bien malgré elle, les reproches s'accumulaient dans sa tête, occupaient tout l'espace de ses pensées, à tel point qu'elle se sentait persécutée, avec le sentiment qu'elle n'avait plus le temps de vivre sa vie de femme et d'épouse.

Pour Any, chaque fois que les enfants de son mari étaient présents dans la maison et qu'elle voyait celui-ci se transformer en père (pas trop) et en papa (surtout) sous ses yeux, prendre du temps pour eux, leur accorder son écoute, les laisser jouer et s'agiter dans sa maison (car les antilopes bougent sans arrêt), les câliner et leur donner beaucoup de tendresse, c'était terrible. Elle se sentait brutalement rejetée, soudain en manque d'amour, elle vivait tous ces moments avec le sentiment qu'elle n'existait plus. Elle se sentait exclue et mal aimée à la fois par eux (ce qui est fréquent tant qu'une relation vivante n'est pas établie) et par son mari (ce qui l'est moins car elle aurait souhaité qu'il soit plus attentif à elle).

Et même s'il lui était difficile de le reconnaître, elle éprouvait parfois des sentiments de colère, voire de haine. Elle sentait s'agiter en elle de la violence contre les enfants de son mari, alors qu'elle aurait donné sa vie pour lui ! Elle aurait bien aimé qu'ils restent chez leur mère ou même qu'ils disparaissent à jamais (oui, des pensées de cette sorte traversaient son esprit, pas toujours, mais à certains moments et cela la remplissait de honte).

Ce qui fait qu'elle ne pouvait s'empêcher d'intervenir, de faire des remarques. Elle ne supportait pas de rester passive et remettait en cause, devant les enfants, le comportement ou l'attitude de son mari : « Je sais bien que je ne suis pas leur mère, mais je mérite un minimum d'attentions, je suis quand même ta femme, tu devrais… » Et les « Tu devrais, tu aurais dû, tu n'as pas fait » n'avaient plus de fin. Les reproches portaient sur tous les domaines de la vie conjugale. Ces injonctions se transformaient en critiques et les critiques en accusations, sur son laxisme, sa faiblesse : « Tu leur passes tout, ils peuvent faire ce qu'ils veulent dans cette maison. Si je n'intervenais pas, ce serait la foire. Regarde leur chambre, c'est une véritable porcherie, et en plus ils ne me respectent pas, ils m'ignorent, font comme si je n'étais pas là ! Tu devrais tout de même intervenir, leur montrer que tu tiens à moi, que nous sommes chez nous, ici ! Tu devrais leur dire que je suis importante pour toi, autant qu'eux, que je ne suis pas leur bonne à tout faire…. »

Vous pouvez imaginer que son mari, qui l'aimait autant qu'il est possible à un homme d'aimer une femme, se sentait déchiré entre deux sentiments contradictoires. Il voulait faire plaisir à ses enfants, rester un papa, gentil, disponible, ouvert à tout et surtout ne pas être trop père, ne pas s'obliger à intervenir et risquer d'être frustrant pour eux durant le peu de temps où il les voyait. Il aurait aussi voulu apaiser sa femme, continuer à lui montrer de l'attention, lui confirmer combien elle était importante pour lui, mais quand il se sentait attaqué par elle, remis en cause, agressé par ses remarques ou la tête qu'elle faisait, alors il sentait que, malgré lui, il s'éloignait d'elle, et il fuyait au garage ou dans le jardin. Ce qui confirmait à Any qu'elle était bien non seulement incomprise, mais exclue et mal aimée.

Vous avez peut-être deviné aussi que, lorsque les enfants étaient là, présents dans la maison, Any et son mari ne faisaient même plus l'amour, alors que les antilopes aiment bien faire l'amour, le plus souvent possible. Ils s'endormaient chacun de leur côté, sans même s'être pris dans les bras, ni avoir esquissé le moindre geste de tendresse, tellement ils se sentaient mal, l'un et l'autre, dans leur peau, dans leur tête surtout.

Any qui, comme je vous l'ai dit, n'avait pas d'enfant à elle aurait bien voulu être une bonne mère pour les enfants de son mari. Elle aurait préparé leurs affaires, mijoté des petits plats, arrangé la maison, elle aurait tant aimé discuter avec eux, partager leurs interrogations. Mais ce dont elle avait le plus envie, c'est de pouvoir être détendue, de rire tous ensemble, son mari, les enfants de son mari et elle ! Elle aurait voulu qu'ils puissent lui renvoyer une bonne image d'elle-même. Elle ne savait pas qu'on ne peut se faire aimer à la demande.

Le plus terrible, c'est qu'elle avait le sentiment de ressembler ainsi à sa propre mère, quand celle-ci reprochait justement à son père de trop s'occuper de leur fille unique. Cette mère (cela arrive parfois au pays des antilopes) avait été très jalouse de l'amour qu'Any, petite fille, avait eu pour son père et surtout des attentions que son père avait eues pour sa fille. Aussi Any s'était-elle juré de ne jamais imiter sa mère. « Surtout ne pas devenir comme elle ! » Et voilà qu'aujourd'hui, devenue adulte, elle reproduisait, malgré elle, l'insupportable. Elle s'entendait faire, avec son mari, en pire, ce qu'avait fait sa mère avec son père ! Elle se voyait lui dire des horreurs, elle se comportait avec les enfants avec plus d'excès encore qu'elle n'en avait elle-même subi dans son enfance !

La situation paraissait sans issue, car elle s'aggravait à chaque visite des enfants. Any imaginait parfois qu'elle allait quitter son mari, fuir la maison, divorcer une seconde fois pour tenter de sauver le peu de raison qui lui restait.

Mais elle sentait bien dans ces moments-là qu'elle aurait fait comme son père qui, à un moment donné, avait fui le domicile conjugal, avait disparu et l'avait laissée seule dans les mains de sa mère ! Ce qui fait que celle-ci avait passé le reste de sa vie à reprocher à Any d'être responsable de sa solitude. Je sais que tout cela paraît un peu compliqué et peut-être ne suis-je pas assez clair pour vous montrer les subtiles répétitions qui naissent dans les familles d'antilopes. Familles dans lesquelles se rejouent parfois sur plusieurs générations des enjeux qui vont polluer toute une existence,… si on laisse faire !

Vous allez me demander : « Mais que peut bien faire Any pour sortir de cette situation qui lui paraît insupportable et invivable ? »

Ce qu'elle peut faire est à la fois simple et complexe. Cela consisterait à apprendre à mieux séparer sa vie conjugale de la vie familiale de son mari. Quand les enfants du mari ne sont pas là, elle pourrait s'autoriser à vivre sa vie conjugale à temps plein avec le meilleur d'elle-même et le meilleur de son mari. Quand les enfants arrivent, elle pourrait s'autoriser à quitter le domicile conjugal, à voyager, à visiter des amis, à faire des stages ou que sais-je encore de ce que peut faire une antilope adulte douée d'initiative et de créativité. Elle pourrait durant ce temps prendre soin d'elle, se faire plaisir, éviter de se mettre en concurrence entre son mari et ses enfants. Elle pourrait aussi mieux définir dans sa maison un territoire personnel, qui ne soit qu'à elle. C'est vital pour une antilope d'avoir un espace et un temps dont elle dispose librement. Elle pourrait aussi oser dire aux enfants de son mari : « C'est vrai que je vous impose ma présence, comme vous m'imposez la vôtre. C'est vrai qu'il n'y a pas de mots pour nommer la relation que j'ai avec vous, que vous avez avec moi. C'est vrai que lorsque vous venez, c'est bien votre père que vous souhaitez voir en priorité et que moi je suis certainement de trop pour vous. C'est vrai que je n'ai pas à intervenir dans votre éducation, que celle-ci relève de la responsabilité de votre mère et de votre père. C'est vrai qu'il m'appartient de me respecter et donc de trouver la bonne distance avec vous… »

Ce faisant, elle n'aurait pas à prendre sur elle, à s'obliger à vouloir être une « bonne mère » pour des enfants qui ne sont pas les siens, tout en permettant à son mari de vivre pleinement son rôle de père et de papa le peu de temps où il reçoit ses enfants.

Je ne sais si Any pourra clarifier tout cela, mais il me semble qu'il est possible de mieux baliser, de donner des repères dans une relation qui n'a pas été choisie ou désirée par chacun des protagonistes. Quant aux sentiments négatifs qui parfois nous habitent, j'ai remarqué qu'ils sont éphémères, qu'ils disparaissent très vite quand on peut mettre des mots sur ce que l'on vit, sur ce qui nous blesse, sur ce que l'on souhaite.

Je sais que tout cela peut nous sembler, à nous humains, impensable ou trop difficile à réaliser, mais je pense qu'au pays des antilopes cela devrait être possible.

Enfin, vous l'avez compris, il faudrait qu'Any accepte de sortir de son rôle de victime et surtout qu'elle arrête le cycle de la répétition dans lequel elle se trouve entraînée bien malgré elle. Cela suppose beaucoup de rigueur et de cohérence dans la conduite de sa vie de femme et d'épouse, mais cela est possible !

Le conte de la vieille femme qui se réconcilia avec son passé

Notre corps garde la mémoire de tout ce qui nous arrive et aussi de tout ce qui nous manque. Nous relier à cette mémoire nous permet parfois de réconcilier notre présent avec notre passé.

Il était une fois une vieille femme, vraiment très vieille, qu'on appelait « Mamifeu ». On lui avait donné ce nom parce que sa place, durant toute la journée, du matin au soir, était le plus souvent au coin du feu. Cette histoire se passait à une époque qui n'existe plus. Une époque où l'on cuisait la soupe au feu de bois, dans les grandes cheminées qu'il y avait dans toutes les cuisines des maisons campagnardes, bien avant que les campagnes ne soient dévorées par les villes.

Imaginez une grande marmite, avec un couvercle de fonte, suspendue à un crochet qui descendait du manteau sombre de la cheminée de pierre. Peut-être même pouvez-vous voir Mamifeu, dans un coin, sur la droite. C'est une très vieille femme, habillée de noir, avec un fichu qui couvre ses cheveux blancs, le visage triste et les mains toutes ridées. De temps en temps elle se lève d'un petit tabouret sur lequel elle se repose, se penche et, avec un tisonnier, pousse un peu les bûches pour ralentir le feu, puis soulève le couvercle et remue la soupe avec une longue cuillère en bois.

Mamifeu, cela étonnait toujours ses petits-enfants, parlait toute la journée à haute voix. Quand ceux-ci lui demandaient :

« À qui parles-tu Mamifeu ?
– À l'esprit de mon histoire, répondait-elle.
– Et cet esprit te répond ?
– Bien sûr, il me répond toujours en me posant des questions.
– Est-ce que tu le vois ?
– Non, je ne le vois pas, mais je l'entends bien, je sais qu'il est là et qu'il ne me veut pas de mal ! »

Les enfants se demandaient toujours ce que cet esprit pouvait avoir à dire à cette vieille femme, quelles questions il lui posait. Mais ils n'osaient interroger davantage leur grand-mère.

Un jour qu'elle était seule pour toute la journée, Mamifeu adressa pour la première fois de sa vie une demande à l'esprit de son histoire : « J'aimerais bien te rencontrer avant de mourir, faire connaissance avec toi qui me connais si bien. » Et cette fois-là, au lieu de lui répondre par une question, l'esprit lui dit : « Cela va être difficile, car je ne suis pas un fantôme. Je suis seulement une voix dans ta tête, je suis seulement une partie de toi. D'ailleurs, tu me connais mieux que je ne puis me connaître moi-même ! »

La vieille dame insista : « C'est important pour moi de te rencontrer, car si tu es une partie de moi, c'est une partie de moi que j'ai peut-être oubliée et que j'aimerais mieux connaître avant de mourir ! »

Alors l'esprit, ou plutôt la voix qui était dans la tête de Mamifeu, lui répondit : « Si tu veux me rencontrer, il te faudra sortir de la maison, accepter peut-être que la soupe soit brûlée, suivre le ruisseau qui est juste à l'entrée de la forêt, et laisser tes pas te conduire. En remontant ce ruisseau, tu en trouveras la source. Tout près de la source, tu verras une grotte. N'hésite pas à entrer dans cette grotte, je serai tout au fond à t'attendre. »

Le lendemain matin, Mamifeu attira l'attention de sa famille en toussant très fort et annonça qu'elle resterait au lit et ne surveillerait pas la soupe de toute la journée. Quand tout le monde quitta la maison pour aller travailler au-dehors, elle se leva et discrètement, après s'être habillée chaudement, quitta la maison. À l'entrée de la forêt elle trouva le ruisseau, le remonta, vit sa source et, tout près, l'entrée de la grotte. Elle hésita un peu : la grotte lui paraissait très sombre, inquiétante certainement profonde. Mais comme c'était elle qui avait demandé à rencontrer l'esprit de son histoire, elle s'avança, fit quelques pas et déboucha soudain dans une petite salle ronde. Là elle vit par terre l'image du corps d'un bébé. Un tout petit bébé, replié sur lui-même, comme s'il était endormi. À côté elle vit aussi l'image d'une jeune fille qui pleurait silencieusement.

Elle se rappela alors qu'il y avait très longtemps, très longtemps, quand elle était toute petite, sa mère lui avait dit un jour en pleurant : « Je n'ai pas su garder le premier bébé que j'ai eu avant toi. Il est resté dans mon ventre seulement deux mois et puis il est parti, et depuis, j'ai dans tout mon corps une très grande tristesse. »

Elle se souvenait qu'elle avait pensé à ce moment-là, car elle aimait beaucoup sa mère : « Ne t'inquiète pas, maman, je vais prendre sur moi, sur mes épaules, dans mon cœur, une partie de ta tristesse, comme cela tu seras moins triste ! » Et depuis ce jour, cette petite fille qui deviendrait plus tard Mamifeu était aussi devenue très triste. Elle ne souriait jamais, ne participait pas aux jeux de ses copines, il semblait que rien ne pourrait la rendre heureuse. Elle faisait face courageusement à la vie, mais sans plaisir aucun.

Et là, dans la grotte, en regardant les images du bébé à terre et la jeune femme silencieuse qui pleurait, un souvenir plus personnel remonta en elle. Elle se souvint aussi qu'à l'âge de dix-sept ans, elle avait été elle-même enceinte et qu'elle n'avait pas poursuivi sa grossesse. Elle avait fait ce qu'on appelait à l'époque un avortement, ce qu'on nomme aujourd'hui une interruption volontaire de grossesse. À dix-sept ans, elle ne s'était pas sentie capable de devenir mère, d'autant plus qu'elle avait été abandonnée par son amant, celui avec lequel elle avait conçu le bébé qu'elle portait dans son ventre. Alors, en cachette de tout le monde, et surtout de ses parents, toute seule, elle avait été voir une femme dont on disait qu'elle savait « faire passer les bébés ». Cette dernière lui avait remis un sachet de poudre à prendre durant trois jours. Elle avait saigné et le tout petit embryon, tout minuscule, de quelques centièmes de millimètre, était parti. De tout cela elle n'avait jamais parlé à personne. Plus tard, elle s'était mariée, avait eu des enfants et des petits-enfants comme vous le savez.

Aujourd'hui, dans la grotte, elle se trouvait confrontée à son passé. Une grande émotion l'envahit, lui serra la gorge. Elle resta longtemps silencieuse à observer le bébé et la jeune fille penchée sur lui. En s'approchant de plus près, elle s'aperçut que celle-ci, par instants, ressemblait à une photo qu'elle avait de sa mère ; puis, à d'autres moments, à elle-même quand elle avait dix-sept ans. Alors des mots jaillirent de sa bouche. Dans un premier temps elle s'adressa à sa mère : « Maman, je voudrais te rendre la tristesse qui était la tienne quand tu as perdu ce premier bébé. Je croyais que cela te soulagerait si j'en prenais une partie sur moi, mais je n'ai fait que maltraiter ainsi ma vie. Cette tristesse t'appartient, elle est bien à toi, je te la restitue. » Et tout en disant ces quelques mots, elle dénoua une très vieille écharpe toute noire, qu'elle portait depuis toujours autour du cou, et la déposa là. Comme le symbole de cette tristesse qu'elle avait prise sur elle durant tant d'années.

Elle sentit en faisant cela un immense soulagement, l'équivalent d'une libération. Elle se redressa et dit alors au petit bébé : « Je crois que je peux te dire aujourd'hui, mon bébé, que ce n'est pas toi que je rejetais, mais moi-même. Quand tu étais dans mon ventre, je ne me sentais pas du tout prête pour être mère. J'ai pu t'accompagner seulement durant deux mois et demi sans pouvoir te permettre de grandir suffisamment en moi et te laisser un espace pour te mettre au monde quand le temps serait venu. Je ne me sentais pas capable de continuer à te porter, car j'étais moi-même à cette époque l'équivalent d'un bébé qui recherchait surtout de l'amour, sans être capable d'en donner. Aussi, cette vie que je n'ai pas pu te donner, je vais la matérialiser aujourd'hui sous la forme d'un arbre que je vais planter pour toi. »

C'est ainsi que quelques jours plus tard, les petits-enfants de Mamifeu la virent creuser un trou dans le jardin, y planter une pousse avec des racines, un micocoulier pour tout vous dire, qui devint par la suite un arbre magnifique qui fit l'admiration de tous.

À partir de ce jour, plus personne n'entendit Mamifeu parler à l'esprit de son histoire. Ses proches, ses petits-enfants surtout, trouvèrent même qu'elle avait rajeuni, qu'elle sortait plus souvent. Elle allait arroser son arbre, qu'elle appelait l'« arbre-du-bébé-qui-n'est-pas-né ». Un de ses petits-enfants lui demanda :

« Qui était ce bébé qui n'est pas né ?

– C'est un bébé que je ne peux nommer, car il n'a pas de nom, c'est un bébé qui aujourd'hui serait plus âgé que vos parents, c'est un bébé que je n'ai pas su mettre au monde, mais qui avait quand même besoin d'avoir une vie. Alors je lui ai donné la vie d'un arbre. Cet arbre vivra sa vie d'arbre et je suis sûre qu'il vivra très longtemps… »

Un autre de ses petits-enfants, qui avait remarqué que Mamifeu ne parlait plus à l'esprit de son histoire, l'interrogea aussi :

« Mamifeu, est-ce que l'esprit de ton histoire est mort ?

– Il n'est pas mort, mais comme il m'a dit l'essentiel de ce qu'il devait me dire, il est retourné au silence… »

Mais depuis ce jour toutefois, chacun de ses petits-enfants se demandait s'il fallait être vieux et tourner la soupe dans la cheminée pour que l'esprit de son histoire vienne lui parler. Ils ne savaient pas encore que l'esprit de leur propre histoire viendrait probablement un jour, quand le temps serait venu, pour les réconcilier avec les oublis de leur vie.

Le conte de la petite fille qui se demandait comment les sirènes peuvent marcher

Quand la réalité se heurte à notre imaginaire, nous avons besoin de trouver des mots et parfois des partages pour remplir les vides et les pleins de nos interrogations.

Il était une fois une petite fille, que je vais appeler Maeva, qui se demandait comment pouvaient marcher les sirènes, quand elles sortaient de l'eau. Elle avait vu un dessin qui les représentait dans un livre de contes que lui lisait sa grand-mère. Comme vous le savez certainement, selon la légende, les sirènes n'ont pas de jambes car leur corps se termine par une sorte de queue de poisson, qui leur sert à nager dans la mer. Aussi, quand elles cherchaient autrefois à séduire les marins, en s'approchant de leurs bateaux, elles ne montraient que le haut de leur corps et tentaient de les entraîner dans la mer.

Et même s'il y a longtemps que personne n'a vu de sirène dans la réalité, Maeva, très curieuse, se demandait comment une sirène pourrait vivre dans une maison d'aujourd'hui, avec des escaliers et des ascenseurs, comment elle pourrait faire ses courses, comment elle pourrait prendre quelqu'un sur ses genoux. Et même comment elle pourrait avoir des enfants et les élever.

Et puis un jour, la grand-mère de Sylvie, sa copine préférée qui était à l'école maternelle avec elle, eut une maladie très grave, et le chirurgien, qui voulait lui sauver la vie, décida de couper ses deux jambes pour éviter que la maladie n'envahisse tout le corps.

Oui, ses deux jambes, vous avez bien lu. Et cette vieille dame, qui quelques semaines avant marchait normalement (on disait même qu'elle savait très bien danser), se retrouva dans un grand lit, avec des pansements et des bandages qui la faisaient ressembler à une sirène ! Même si on disait qu'elle pourrait plus tard circuler dans un fauteuil roulant électrique, sa petite-fille Sylvie, la copine de Maeva, était très triste, elle aurait voulu savoir comment sa grand-mère, qui n'avait pas une queue de poisson comme les sirènes et qui ne pourrait pas nager dans la mer, allait quand même pouvoir vivre sur terre. Il y avait ainsi une grande inquiétude en elle. Elle s'interrogeait aussi, sans jamais en parler à personne, sur sa propre situation. Est-ce qu'un jour, devenue vieille, on lui couperait aussi les deux jambes ? Un soir, quand ses parents furent endormis, elle alla chercher sa poupée, lui enleva les jambes et regarda sous la jupe comment c'était fait, une poupée qui n'avait plus de jambes. Le lendemain, elle partagea avec Maeva les interrogations qui l'habitaient.

Maeva aimait beaucoup sa copine et ne voulait pas la voir triste. Voici ce qu'elle lui dit : « Moi aussi j'ai beaucoup réfléchi. C'est vrai que nous avons besoin de nos jambes, tout d'abord pour nous tenir debout et aussi pour marcher, pour courir, pour nager, pour grimper, pour danser… Alors tu peux tous les matins remercier tes pieds, tes genoux, tes cuisses, ainsi que tes mains, et leur dire que tu les aimes beaucoup et que tu veux les garder avec toi, toute la vie… »

Il paraît que Sylvie était très contente et elle a d'ailleurs donné le même conseil à sa poupée. Un soir, elle lui a remis ses jambes en lui disant d'en prendre soin et de les aimer.

Je ne sais si je vous l'ai déjà dit, mais les petites filles sont pleines de ressources pour affronter les difficultés de la vie.

Le conte de la petite fille qui croyait qu'elle n'avait pas été désirée

Nous sommes conçus à l'intérieur d'un jeu de désirs conscients et aussi inconscients qui suivent des trajets labyrinthiques dans les méandres de l'imaginaire de nos géniteurs, pour quelquefois aboutir à une venue au monde, qu'on appelle une naissance.

Les enfants, vous le savez certainement, ont une grande habileté pour se faire souffrir et surtout pour se dévaloriser quand le poison du doute et de la non-confiance est en eux. Ils captent alors dans ce qui les entoure tout ce qui pourrait blesser leur besoin relationnel le plus vivant en eux : celui d'être reconnu.

Vous allez certainement me demander : « Mais ce poison du doute et de la non-confiance, comment l'ont-ils avalé ? »

C'est difficile de répondre à une telle question. Parfois il peut s'agir d'une petite phrase de rien du tout, prononcée au-dessus de leur tête par papa ou maman. Une phrase telle que : « Oh, celle-là on ne sait pas d'où elle vient » ou encore : « Mais de qui tient-elle son mauvais caractère ? » ou encore : « Mais qu'est-ce que j'ai fait au bon Dieu pour avoir une enfant comme ça, qui n'obéit jamais, ou qui se plaint toujours, ou qui n'est jamais contente ! »

Les enfants sont très sensibles à l'opinion de ceux qu'ils aiment, dont ils attendent amour, reconnaissance et bienveillance. Si c'est le papa qui est important pour l'enfant, tout ce qui vient de lui prend une place immense. Ainsi cette petite fille qui, voyant son père caresser le chien sous la table, lui parlant avec des mots gentils, le sentant plein d'attention et de générosité quand il lui tend avec patience des morceaux de son dessert, aurait bien voulu que ce soit à elle que son papa donne une caresse, dise un mot doux ou encore offre un morceau de son gâteau. Un jour même, elle s'est cachée sous la table, a poussé le chien en espérant qu'une caresse vienne vers elle. Mais son père, qui se sent dérangé par cette présence inconnue à côté de son chien, donne un coup de pied pour éloigner ce qui le gêne... Vous pensez bien que ce genre d'événement donne des doutes et blesse la confiance qu'une enfant peut avoir en elle-même. Mais ce n'est pas de cette petite fille que je veux parler dans ce conte.

Je voudrais vous raconter comme une autre petite fille, nommée Nenija, se faisait souffrir inutilement en croyant qu'elle n'avait pas été désirée par ses parents, et surtout par sa mère. Elle avait entendu celle-ci dire à des amis au cours d'un repas où elle n'était pas présente (elle était censée être au lit ; vous comprenez maintenant pourquoi les enfants demandent qu'on laisse la porte de leur chambre ouverte...) : « Moi, quand je l'ai eue, je n'étais pas du tout prête. D'abord je ne voulais pas d'enfant, je trouvais que c'était une responsabilité trop lourde à porter. Je voulais bien en avoir, mais plus tard... » Nenija comprit tout de suite qu'il s'agissait d'elle. « Ainsi ma mère ne m'a pas désirée, pensa-t-elle. Mon arrivée au monde l'a beaucoup dérangée. Et quand elle se dispute avec papa, c'est peut-être de ma faute. Si je n'étais pas là, ils se disputeraient certainement moins.... »

Vous comprendrez tout de suite pourquoi Nenija se sentait malheureuse, mal dans sa peau, souvent triste et soucieuse de ne pas sentir qu'elle avait une place au monde rien que pour elle.

Elle ne savait pas que les enfants ne sont pas conçus uniquement quand les parents font l'amour et qu'il faut autre chose, oui, quelque chose de plus que la rencontre entre un spermatozoïde et un ovule pour donner vie à la première cellule, à cette sorte d'œuf microscopique. Cellule qui par la suite va se multiplier, devenir un embryon, puis un fœtus et enfin un bébé qui, neuf mois après, va sortir du ventre et commencer la belle aventure d'une vie qui peut durer quelquefois jusqu'à cent ans ! (Si je suis allé un peu vite, vous pouvez demander à vos parents de vous expliquer comment cela se passe exactement.)

Je vous disais donc qu'un bébé est aussi conçu à travers des désirs. Et ça, c'est plus compliqué à comprendre. Parce qu'il y a parfois des désirs qui vont se compléter, s'accorder, et d'autres qui vont être contradictoires, rivaliser entre eux et même se combattre.

Commençons par une situation qui paraît simple. Une femme mariée de vingt-cinq ans dit à son mari qu'elle ne veut pas d'enfant tout de suite, qu'elle préfère attendre d'être plus âgée, d'avoir au moins trente ans pour faire un bébé. Alors, durant cinq ans, pour éviter d'être enceinte, elle décide de prendre par exemple ce qu'on appelle une pilule contraceptive. Une pilule à prendre tous les jours et qui empêche justement d'avoir des bébés quand la femme et l'homme font l'amour en période fertile. Et cependant cette femme peut tout de même devenir enceinte ! Elle n'a pas oublié de prendre sa pilule, elle a toujours la volonté de ne pas avoir d'enfant. Néanmoins elle se retrouve avec un petit œuf dans le ventre, qui deviendra un embryon, qui deviendra un fœtus, qui deviendra un bébé et qui deviendra, par exemple, Nenija, dont je raconte l'histoire ici.

Tout cela paraît incompréhensible. Eh bien non, il faut comprendre que, derrière un désir conscient, affirmé, énoncé avec force : « Je ne veux pas avoir d'enfant », il y a parfois un autre désir plus inconscient, plus caché, plus secret qui est tout à fait le contraire du désir conscient et qui pourrait se dire ainsi : « Je ne me sens pas prête, mais je peux quand même essayer d'avoir un enfant avec cet homme que j'aime. » Il y a donc à l'intérieur de cette future mère deux désirs contraires, deux désirs opposés. Et il faut savoir que c'est souvent le désir inconscient le plus fort. Ainsi, vous l'avez compris, la maman de Nenija qui affirmait (désir conscient) : « Je ne voulais pas avoir d'enfant tout de suite » avait certainement en elle, sans en être consciente, un autre désir, plus secret, qui disait, lui : « Je peux quand même essayer d'avoir un enfant sans trop attendre ! »

Donc la petite Nenija doit comprendre qu'elle a bien été désirée, par le plus beau des désirs : un désir inconscient. Sinon elle ne serait pas là, à se faire souffrir en croyant qu'elle n'a pas été attendue ! Nenija peut cesser d'entretenir sa tristesse et ses doutes en comprenant que même si sa mère a dit qu'elle ne souhaitait pas avoir d'enfant aussi vite, elle était en même temps porteuse d'un très fort désir d'avoir un enfant. Et que ce désir, tout simplement, s'est réalisé plus vite qu'elle ne l'avait imaginé !

Quand je pense aux milliers de petites filles et de petits garçons qui se font souffrir en croyant qu'ils n'ont pas été attendus, désirés par l'un ou l'autre de leurs parents ! Quand je pense à tous les ex-enfants devenus adultes qui gardent en eux de l'amertume, de la tristesse en croyant que leur mère ou leur père ne voulait pas d'eux parce qu'ils ont entendu l'un ou l'autre des parents dire qu'ils étaient arrivés « comme un cheveu sur la soupe » ! Je me dis que s'il y avait quelqu'un dans leur entourage pour leur lire ce conte, peut-être, peut-être comprendraient-ils que leur souffrance peut cesser et qu'ils pourraient retrouver en eux une joie plus pleine, celle d'être au monde, de sentir la vie grandir en eux.

Le conte de la petite étoile qui voulait devenir l'univers à elle toute seule

Nous entrons parfois en dépendance pour échapper
à un conflit intime pour lequel nous ne voyons aucune issue.
Comme si la dépendance était moins douloureuse
que le déchirement d'être, même si notre souffrance est pire.

Il était une fois une petite étoile extrêmement douée, sur laquelle s'étaient rassemblés tous les dons du cosmos. On aurait pu dire d'elle qu'elle avait été comblée par les dieux. Mais, vous le savez peut-être, les dieux sont injustes et quelquefois pervers envers les étoiles et souvent avec les humains. Ils sont capables de donner toutes les qualités, d'offrir toutes les ressources de l'univers à un être vivant mais sans le moindre mode d'emploi. Ils offrent l'abondance de tous les dons dans le désordre et même dans l'outrance. Beauté, intelligence, sensibilité, sensualité, créativité étaient parmi les moindres des cadeaux qu'ils avaient donnés à cette petite étoile. Ils avaient ajouté sans réserve aucune la passion et l'enthousiasme, la curiosité, le goût pour mille centres d'intérêt et cette vitalité rare qui s'appelle chez les étoiles la vivance.

Il faut que je vous dise que cette petite étoile avait été conçue au moment où le couple de ses parents commençait à se déliter, à se défaire. Comme si, en venant au monde, sa mission secrète avait été une ultime tentative pour réconcilier, pour souder à nouveau le couple de ses géniteurs. Vous savez peut-être que chez les étoiles il y a des enfants ciment, qui sont chargés, malgré eux, de maintenir ensemble leurs parents, c'est-à-dire les deux étoiles qui, au moment où elles l'engendraient dans leur cœur, s'éloignaient l'une de l'autre à la vitesse de la lumière.

Après la naissance de leur enfant, les parents de la petite étoile étaient quand même restés ensemble encore quelques années. Cette enfant étoile avait senti très tôt que c'était une mission impossible que de vouloir maintenir unis ses parents. Elle avait même rêvé de rencontrer l'un des dieux, celui dont elle pensait qu'il avait créé l'univers, pour l'interroger : « Que puis-je faire pour que mon père ne quitte pas ma mère ? Que faut-il que je sois pour qu'ils demeurent toujours ensemble ? »

La descente aux enfers, je devrais dire sur terre – ce qui est le pire pour une étoile –, commença au moment où ses parents se séparèrent.

Il faut que je précise dès maintenant qu'il y avait en elle une grande force, une énergie et, je vous l'ai déjà dit, une vivance extraordinaire. Vous le sentirez quand vous allez découvrir tout ce qu'elle a été capable de faire pour se détruire, pour s'abîmer, pour se morceler. Elle commença à perdre des couleurs, son intensité diminua, elle s'enfonça même dans un de ces trous noirs qui circulent dans l'univers et qui absorbent l'énergie, la matière. Ces trous noirs sont l'équivalent de ce que peuvent être les drogues dures sur la Terre. Ces drogues qui mettent les humains en dépendance, les aliènent, brisent leur volonté, détruisent le respect pour leur corps, les conduisent à des actes qui blessent l'énergie vitale et l'amour pour eux-mêmes. Cette énergie et cet amour qui leur ont été donnés en cadeau au moment de leur conception.

Ainsi cette jeune étoile navigua-t-elle durant plusieurs années à l'aveuglette dans des zones de détresse et de violence qu'il serait pathétique de décrire. Elle réussit même à se faire hospitaliser dans un hôpital spécialisé dans les troubles profonds de la personnalité.

Je dois vous dire que, depuis quelques mois, elle tente de se retrouver, elle a même passé avec succès son bac (un bac, c'est ce qui permet de relier l'espace entre deux rives d'une rivière).

Elle aspire aujourd'hui à aider les autres, elle est en recherche d'une approche qui lui permettrait d'aider les étoiles en souffrance qui pullulent dans le ciel.

Ne croyez pas qu'elle soit sortie d'affaire, je veux dire qu'elle soit définitivement hors d'atteinte de ces trous noirs dans lesquels elles se perdait, mais je pense qu'elle est sur un chemin de vie fiable pour elle.

Je ne sais si elle trouvera dans l'immensité du ciel un ancrage suffisamment solide pour lui confirmer qu'elle n'a pas besoin de faire la preuve que, pour exister aux yeux de ses parents (séparés), il faut se détruire, qu'il n'est pas nécessaire de les mettre en échec au prix de son propre respect. Que le choix de vie de ses parents ne relève que d'eux-mêmes, qu'elle n'est pas obligée de faire une surenchère de souffrance et d'autodestruction face à la souffrance qu'elle a perçue chez son père et sa mère, qu'elle est seule responsable de sa vie. Que personne dans l'univers ne la prendra en charge, qu'elle seule est capable de construire son devenir.

Le conte de la petite cigogne qui ne se décourageait jamais

Nous pouvons avoir parfois beaucoup de raisons pour nous désespérer, mais il est important d'en avoir au moins une pour ne jamais se décourager.

Il était une fois une jeune cigogne, qui en fait n'était plus très jeune, mais qui avait cette jeunesse du cœur et du regard qui lui donnait une pétillance rare, une qualité d'être précieuse, une vivance merveilleuse, une présence recherchée.

Il faut que je vous dise que cette cigogne avait déjà pas mal avancé dans sa vie de femme, beaucoup vécu et engrangé une expérience amoureuse assez étonnante. Je veux dire par là qu'elle avait fait de nombreuses rencontres, qu'elle avait eu différentes relations amoureuses, chacune aussi intense que la précédente, plus ou moins durables mais toutes aussi importantes, car elle s'engageait à fond, totalement, pleinement dans chacun de ses amours.

Vous pressentez certainement, avant même que je ne l'énonce, qu'elle avait été souvent déçue, trahie, rejetée, abandonnée ou qu'elle s'était éloignée, détachée de ses partenaires successifs quand elle ne se sentait plus respectée par eux. Mais elle vivait comme si cela n'avait pas laissé de traces en elle (du moins le croyait-elle).

Chaque fois, avec la même passion, comme une petite fille qui met tout son cœur dans la rencontre, elle se donnait avec la totalité de son être. Avec une légèreté, une spontanéité, une ouverture si touchante que celui qui était en face d'elle en était profondément ébranlé, ému par cet abandon, ce don entier qu'il recevait (du moins au début) comme un cadeau précieux, inestimable.

Mais il ne vous a pas échappé qu'au pays des cigognes les mâles sont volages (indépendamment des longs voyages qu'ils font chaque année), plus imprévisibles, moins fiables (ou plus réticents) peut-être dans leurs engagements que les femelles cigognes. Ils sont capables de s'ouvrir, de se donner dans l'émerveillement de la rencontre, de rêver, de laisser leur imaginaire prendre beaucoup de place, mais ils sont vite rattrapés par la réalité. Au pays des humains, on aurait dit qu'ils étaient « habités par l'errance de leurs désirs ».

Catherine, la cigogne dont je vous parle, savait tout cela, dans sa tête. Mais dans son cœur, tout se passait comme si elle était persuadée que cette nouvelle rencontre, cet amour-là, au présent, celui qu'elle vivait aujourd'hui dans l'abondance de l'instant, cette fête des corps, ne pourrait jamais cesser, n'aurait pas de fin, se poursuivrait durant des années. Que cet amour nouveau, chaque fois inattendu, déposé comme un miracle en elle, pourrait l'accompagner dans tous ses voyages, grandir dans chaque pays traversé et rejoindrait ainsi quelques-unes des légendes qui circulaient au pays des cigognes. Parmi ces légendes, il y avait celle qui racontait un amour éternel entre deux humains. Un amour qui avait su résister à l'usure du temps, aux pièges et aux malentendus du quotidien, aux erreurs et aux jalousies. Un amour, disait-on, qui avait pu se vivre dans la réciprocité, le respect, la générosité d'une vie à pleine vie. Un amour qui était devenu un modèle, une étoile dans les rêves des jeunes filles et même des jeunes hommes. Un amour qui ne s'était pas terminé tragiquement comme celui de Roméo et Juliette, ni pathétiquement comme celui d'Abélard et Héloïse, ni prématurément comme celui de Pétrarque et Laure ou qui ne s'était pas laissé enfermer dans les pièges des conventions comme celui de Tristan et Iseult. Un amour comme chaque être humain en rêve, sans se donner toujours les moyens de le vivre. Un amour immortel, unique, qui saurait rester entier, vivace, qui ne s'userait pas, qui bien au contraire grandirait à chaque instant et occuperait tout l'espace d'une vie à deux.

Catherine la cigogne ne se décourageait jamais après chacun des échecs successifs de sa vie amoureuse, elle disait même à ses amies : « Si celui-là n'était pas le bon, c'est qu'il est venu dans ma vie pour me préparer au suivant… »

Si un jour vous rencontrez cette cigogne dont la foi en l'amour est inébranlable, ne passez pas à côté d'elle sans prendre le temps de la regarder, de vous approcher, d'établir un échange, et… qui sait ?

Le conte de la petite chatte qui aimait sans être aimée

Nous attribuons à notre amour une toute-puissance qu'il est loin d'avoir. Ce qui nous entraîne parfois à vouloir imposer nos sentiments pour tenter de les retrouver chez l'autre, en imaginant qu'ils sont les siens !

Il était une fois une chatte qui avait un grand amour pour un chat. Un amour unique. Cela peut paraître banal et ressembler à des millions d'histoires de chat, si cet amour n'avait pas eu une particularité : c'était un amour intense, immense, immensément grand. Ce qu'il faut savoir, c'est que ce très grand amour prenait beaucoup d'espace en elle, non seulement dans son cœur (où se situe en général l'amour chez les chats) mais aussi dans sa tête, dans son ventre, son dos, ses pieds (oui, oui, ses pieds !) et même dans ses mains, je veux dire ses pattes. Il occupait un espace comme seul un amour de chat peut en prendre à l'intérieur d'une petite chatte amoureuse.

Quand Midinette (c'est ainsi que s'appelait cette chatte) révéla son amour au chat (qui s'appelait Ugo), celui-ci (qui voulait être honnête avec elle, ce qui est plus rare qu'on ne croit chez les humains comme chez les chats !) lui affirma qu'il ne l'aimait pas. Chez les chats cette expression : « Je ne t'aime pas » est terrible, car elle est entendue par celui qui n'est pas aimé comme un rejet, comme un refus, comme une négation de sa personne. Alors qu'en fait, dire à quelqu'un qu'on ne l'aime pas signifie simplement : « Je n'éprouve pas de sentiment d'amour en moi pour toi. Contrairement à toi qui m'offres ton amour, je n'ai pas d'amour à te donner, je ne suis pas dans la réciprocité. Et comme je n'ai aucun pouvoir sur tes sentiments, ni sur les miens, je suis en difficulté. Je ne suis pas dans la même énergie, je ne peux t'offrir d'amour en réponse au tien. » Ugo aurait pu ajouter (il le fit un peu plus tard, sans être entendu pour autant) : « Je suis touché par ton amour, je le sens beau et profond, vivant et chaud, mais mes sentiments pour toi sont différents. J'ai une immense admiration pour toi, beaucoup de tendresse et un infini respect, mais je ne peux appeler "amour" ce que je ressens. Ce que j'éprouve est bon pour moi, mais me paraît ne pas répondre à ce que tu pourrais attendre de quelqu'un que tu aimes ! »

Mais cette petite chatte était non seulement très amoureuse, mais voulait être aimée par Ugo, seulement de lui, pas d'un autre. Les sentiments de tendresse, d'admiration, de respect qu'il prétendait avoir pour elle lui paraissaient sans valeur. Ce qu'elle voulait, c'était recevoir en retour à son amour un amour aussi fort, aussi unique ! C'est ainsi que dans un premier temps, de façon très réactionnelle, elle avait rejeté, disqualifié, considéré comme totalement ridicules les sentiments d'Ugo : « Ce que tu éprouves pour moi ne m'intéresse pas, ma seule demande c'est d'être aimée par toi ! »

Nous pouvons la comprendre. Si quelqu'un demande de l'eau et que l'autre offre des vêtements, celui qui veut de l'eau ne se sent ni entendu ni compris. Il est en souffrance de voir que sa demande n'est pas comblée par l'autre, comme si elle n'avait pas de valeur pour lui.

Cependant, comme elle était très amoureuse, elle ne pouvait s'empêcher de penser à Ugo, de manifester son intérêt pour lui, de chercher à le rencontrer, d'imposer sa présence, avec l'espoir que les sentiments de ce chat qui ne l'aimait pas... puissent évoluer, changer de nature et peut-être, peut-être se transformer un jour, avec le temps, en amour. On croit que cela se passe ainsi chez les humains, mais chez les chats c'est très rare.

Midinette s'en voulait et retournait contre lui la colère qu'elle avait en fait contre elle-même ! Parfois elle était en rage de se sentir impuissante à modifier les sentiments d'Ugo. Dans chacune de leurs rencontres, qu'elle provoquait, elle lui reprochait silencieusement de ne pas éprouver de sentiments semblables aux siens, ce qui créait beaucoup de tensions entre eux.

Chaque fois qu'ils se voyaient s'installait un paradoxe. D'un côté, elle souhaitait sa présence, elle aimait respirer son odeur, l'entendre parler, agir et, de l'autre, elle ne supportait pas qu'il ne manifeste aucun amour à son égard. Elle s'en voulait beaucoup d'aimer un chat qui n'était même pas capable d'éprouver un amour qui soit au moins d'une intensité égale à celui qu'elle éprouvait. Mais elle n'arrivait pas à renoncer à rechercher la présence d'Ugo, ce qui l'irritait encore plus !

Avec les années, elle alla de déception en déception, d'insatisfaction en insatisfaction, de colère en colère, de décision de ne plus le voir en décision de l'ignorer à jamais. Avec le résultat que vous connaissez : elle n'arrêtait pas de penser, de rêver à lui, d'imaginer qu'un jour peut-être il pourrait quand même... l'aimer !

Quelque chose de plus puissant que sa volonté poussait Midinette à ne pas se décourager, à espérer un miracle, un changement chez Ugo. Elle trouvait plein de prétextes pour aller vers lui, son cœur la poussait vers ce chat qui ne l'aimait pas. Parfois elle pouvait accueillir ses attentions, sa tendresse, sa gentillesse, mais à ce moment-là, c'est elle qui s'en voulait. Elle s'éloignait, habitée par un sentiment de colère contre le monde entier. Et se retrouvait chaque fois plus amère, découragée, brisée et meurtrie, avec des sentiments très négatifs contre celui qui, hors de toute raison pensait-elle, aurait dû l'aimer !

Elle ne comprenait pas qu'elle était prisonnière d'un double malentendu.

Le premier était de ne pas vouloir entendre que celui qui ne l'aimait pas ne rejetait ni sa personne ni son amour (comme elle le croyait), seulement qu'il ne se sentait pas le droit d'y répondre, puisqu'il n'éprouvait pas d'amour. Il faut savoir qu'au pays des chats, l'amour ne se commande pas. On ne peut se dicter d'aimer si on n'aime pas ou de ne plus aimer si on aime.

Le second malentendu était de ne pas faire assez confiance à son amour, de ne pas s'appuyer dessus comme sur une force, une énergie qui pouvait la soutenir, la guider et la dynamiser dans sa vie.

Elle ne savait pas encore qu'un amour peut exister par lui-même, qu'un véritable amour n'a pas besoin d'un amour en miroir, qu'il possède une force qui lui est propre, qu'il a une vie en lui, qu'il n'a pas besoin nécessairement de se nourrir des sentiments de l'autre.

Midinette pressentait bien (dans les quelques moments de calme qu'elle pouvait vivre) que cet amour pour Ugo l'avait portée, embellie, qu'il lui avait permis de grandir de l'intérieur, qu'il lui avait donné l'occasion d'établir des reliances, des liens importants dans son histoire. Mais, à d'autres moments, elle ne pouvait s'empêcher de lutter contre cet amour, elle tentait de le tuer en elle, de le rejeter comme quelque chose de nocif pour elle. D'autres fois encore, elle se désespérait en pensant qu'elle avait perdu beaucoup de temps à aimer pour rien, comme elle disait, qu'elle était passée à côté de sa vie, qu'elle méritait mieux, qu'elle aurait dû, qu'elle n'aurait pas dû…

Ces dernières années, elle croyait même avoir perdu jusqu'à ses repères intérieurs. Elle imaginait qu'elle ne pourrait plus éprouver de joie, de plaisir à aimer quelqu'un, elle avait le sentiment très douloureux d'errer sans direction, sans but, en ayant l'impression que sa vie n'avait pas de sens.

Elle ne savait pas encore que cet amour immense qu'elle avait pour Ugo était un ancrage, une fondation dans son histoire. Elle ne savait pas que le plus important n'était pas l'objet de son amour, c'est-à-dire Ugo, le chat qu'elle aimait, ce chat qui occupait l'essentiel de ses pensées, mais ce sentiment très fort qu'elle éprouvait, son amour lui-même qui la dynamisait et l'embellissait. Que c'était ce sentiment unique en elle qu'il lui fallait protéger, préserver et nourrir, qu'elle devait arrêter de le nier, de tenter de l'étouffer ou de vouloir en diminuer l'intensité.

Elle avait un chemin difficile à parcourir, celui d'accepter de se sentir aimante, plus qu'aimantée. De découvrir tout le bon qui pourrait se vivre en elle, si elle acceptait d'aimer aussi ses propres sentiments, si elle décidait d'en prendre soin, de les respecter et de les laisser vivre en elle en les honorant à chaque instant.

Quand un amour n'est pas reçu par l'autre en réciprocité, quand il n'est pas accueilli par un sentiment de réponse, il n'y a pas d'autre issue que de prendre soin de cet amour en soi. Cette démarche s'appelle respecter ses propres sentiments.

Le conte de la petite boule qui ne voulait plus rester silencieuse

Nos maladies ont du sens, même si nous avons du mal à le reconnaître et à l'entendre, quand elles ravagent notre corps. En recherchant au-delà de la cause ce que tentent de nous dire nos maux, nous pouvons libérer beaucoup d'énergie pour mieux affronter les conséquences et les dégâts de nos somatisations.

Il était une fois une ex-petite pinsonne qui soudain découvrit sous son bras, tout près de son sein gauche, une grosseur qui n'était pas là quelques jours auparavant. Elle promena par deux fois sa patte sous son sein pour bien sentir cette petite grosseur. Cette chose n'avait pas sa place à cet endroit. C'était une boule, une boule de chair un peu dure au toucher, pas du tout douloureuse, mais si présente soudain qu'elle semblait envahir tout l'espace de son corps.

Vous savez que la poitrine d'une pinsonne est un lieu plein de douceur, très vivant, très vibrant, chargé de beaucoup d'émotion, car tout près du cœur. C'est un endroit très sensible.

On dit souvent « en avoir gros sur le cœur » pour beaucoup de raisons. Pour des raisons connues et d'autres moins connues, oubliées mais toujours présentes. Chez les pinsons, malgré leur joyeuseté quasi permanente (vous savez qu'ils chantent toujours), le cœur peut porter des peines anciennes déposées depuis longtemps au creux des silences, des amours blessées ou violentées, des soumissions trop longtemps acceptées, des ressentiments non digérés… Bref, il arrive, surtout chez les pinsonnes, que le corps, pourtant capable d'une patience infinie, se révolte un jour, qu'il envoie un avertissement à celle dont il accompagne la vie depuis des années. Tout se passe comme s'il disait : « Attention, je suis mal à l'intérieur, je ne me sens pas respecté. Bien sûr, tu as fait beaucoup de sport, tu as pris soin de ton apparence extérieure, tu m'as entraîné dans mille aventures dans le pays où tu es née. Je t'ai suivie sans manifester trop de réticences quand tu as voulu accompagner ton mari à l'étranger, en Afrique. Puis plus tard en Asie, j'ai accepté beaucoup de sacrifices, même si je ne me sentais pas toujours entendu ! » Ce corps aurait pu encore dire : « J'ai aimé les envolées au soleil que tu entreprenais, j'ai porté trois de tes enfants durant des mois, j'ai supporté des temps de travail équivalents à trois métiers : celui d'institutrice, de mère, de femme. J'ai donné beaucoup, j'ai accepté encore plus et aujourd'hui je te lance un appel : prends soin de moi, écoute-moi… »

Je crois que, ce jour-là, l'ex-petite pinsonne a entendu l'appel de son corps. J'ai même imaginé qu'elle puisse trouver un symbole. Ce qui d'ailleurs ne tarda pas. Il y avait dans ses affaires une petite boule de bois qui lui venait de sa grand-mère. Cette petite boule l'avait longtemps fascinée dans son enfance, car elle semblait faite de bois plein, et cependant quand on la secouait on entendait un petit bruit, comme s'il y avait à l'intérieur un minuscule objet qui s'agitait librement. Comment cela pouvait-il être possible ?

Elle décida de donner à cette petite boule de bois beaucoup d'attention, de soins, de marques d'amour, pour entendre le message profond que son corps lui envoyait avec ce que les médecins appellent, au pays des pinsons, un cancer. Car il ne suffit pas de soigner les symptômes d'une maladie, ou même de les faire disparaître, encore faut-il accepter d'entendre le message ainsi envoyé, pour reconnaître le sens d'une maladie. Pour essayer d'entendre ce sur quoi ce mal-à-dire tente de nous alerter, d'attirer notre attention afin que nous puissions mettre des mots sur un non-dit, achever une situation inachevée, sortir d'un conflit ou réparer une blessure ancienne.

Aujourd'hui, que ce soit au pays des pinsons ou dans le monde des hommes, la médecine moderne a beaucoup de moyens pour supprimer un cancer, enlever un kyste ou faire disparaître un œdème, encore faut-il accepter d'entendre ce que ce mal-à-dire voulait justement nous dire. Qu'est-ce qu'il avait à nous apprendre de nous-mêmes ? Quelque chose que d'ailleurs nous connaissons la plupart du temps, mais que nous ne voulons pas entendre. Le souvenir d'un événement, un sentiment, un ressenti que nous portons depuis longtemps sans oser le nommer ou nous confronter à lui. Car le plus difficile n'est pas de dire aux autres ce qui nous habite ou nous préoccupe, c'est d'oser se le dire à soi-même !

Le conte de la maman coccinelle qui savait inventer des bisous qui guérissent

La tendresse est le langage le plus direct pour atteindre l'âme et nous permettre de rejoindre cette part de nous-mêmes qui sait, au-delà des mots et des gestes, nous rejoindre au plus près de nos possibles, au plus profond de nos attentes.

Il était une fois une maman coccinelle qui se désolait et même se désespérait, depuis que sa petite fille de trois ans était entrée à l'école maternelle. Celle-ci, dès le premier matin, s'était mise à crier, à pleurer, à se coucher par terre, refusant de se lever, de quitter la maison. Arrivée devant l'école, elle s'accrochait à sa maman avec des cris déchirants : « Maman, maman, ne me quitte pas, ne pars pas, maman ! »

Cela durait depuis plusieurs jours, la maman s'interrogeait, se demandait comment elle allait pouvoir continuer à imposer à sa fille autant de désespoir.

Et puis un matin, en se maquillant devant sa glace, en posant sur ses lèvres un rouge à lèvres très vif, elle appela sa fille et l'embrassa très fort au milieu de la poitrine. La petite coccinelle regarda longuement la marque des lèvres de sa maman qui faisait comme un très beau cœur tout rouge, à côté des autres petites taches noires toutes rondes qu'il y a, vous le savez, sur le corps des coccinelles. Et, à partir de ce jour-là, la petite fille alla à l'école sans se plaindre, sans crier, sans pleurer, les yeux pleins de plaisir. De temps en temps toutefois, elle posait sa main sur sa poitrine, comme pour vérifier que la marque des bisous de sa mère était toujours là.

Car depuis ce jour, chaque matin, cette maman avait pris l'habitude de déposer un gros bisou tout rouge, en forme de cœur, sur le corps de sa petite fille. Mais l'endroit que celle-ci préférait, et cela devint une habitude pendant de longues années, fut le creux de son coude gauche, sur sa première patte. Elle tendait le bras, je veux dire la patte, bien à plat, et riait aux éclats quand sa maman déposait le fameux baiser dans le doux du pli de son coude.

Quand elle partit pour la première fois en classe de neige, la maman déposa un baiser sur un petit bout de papier épinglé à sa trousse de toilette. Et de même le matin du jour où elle devait passer le premier examen que l'on passe chez les coccinelles, le brevet d'études secondaires, la petite coccinelle, qui était devenue une belle jeune fille, reçut un bisou, sur un petit carton qu'elle glissa entre sa carte d'identité et la photo de sa meilleure amie.

Avec ce bisou, elle savait que sa maman pensait à elle, qu'elle lui faisait confiance, que le lien entre elles était toujours présent. Chez les coccinelles, il faut que je vous le dise, le lien entre une fille et une mère est très important. Chacune, que ce soit la mère ou la fille, le vérifie plusieurs fois par jour. Parfois même elles tirent dessus pour vérifier sa solidité, au risque de le casser ! De l'extérieur on croit qu'elles se disputent, mais non, elles le mettent à l'épreuve pour avoir la confirmation qu'il est bien solide !

Le jour où la petite coccinelle passa le bac, elle tendit son poignet et demanda à sa mère : « Peux-tu mettre ici le baiser qui guérit de toutes les peurs ? »

Cette maman attentionnée et fiable sortit alors son tube de rouge à lèvres. Un rouge qu'elle n'utilisait plus depuis longtemps, mais qu'elle gardait uniquement pour ces occasions exceptionnelles : ce fameux rouge qu'on appelait autrefois le « rouge baiser ». Elle dessina soigneusement ses lèvres et embrassa doucement sa fille au creux de son cou, déposant un baiser qui devint à partir de ce jour le baiser qui guérit les peurs !

Bien des années plus tard, quand la petite coccinelle fut enceinte et qu'elle fut prête à accoucher, elle demanda à sa mère deux choses : « J'aimerais, maman, que tu me fasses une dernière fois un petit bisou qui chasse les peurs sur mon ventre et qu'après tu me donnes ton tube de rouge à lèvres. Je crois que je vais en avoir besoin pour les années à venir… »

Ainsi, dans cette famille de coccinelles, des générations de mères pourront se transmettre, de femme à femme, le symbole du baiser qui guérit. Un baiser qui rappellera toujours l'importance du lien, la fiabilité de l'amour maternel, la permanence d'un sentiment indestructible qui unit une mère aimante à son enfant.

Le conte d'une bouteille de vin

Oser se dire avec l'aide de symboles ce qu'il est impossible d'exprimer avec des mots. Oser montrer avec des objets chargés de sens ce que l'autre ne peut voir. Oser exprimer ainsi l'indicible.

Cette histoire est arrivée à un petit garçon à un moment de sa vie où il avait non seulement dans son corps, mais aussi dans son cœur, beaucoup de souffrances. Des souffrances qui, même en étant devenu adulte, restaient présentes en lui, tant il repensait sans cesse à certains épisodes douloureux de son enfance, une période qui avait duré plusieurs années.

Je ne dois pas oublier de vous dire qu'il s'appelait François, en vous racontant ce que fut justement son enfance. Une enfance terrible, douloureuse, qui semblait sans issue. Vous savez, ce genre d'enfance qui n'en finit pas : on voudrait grandir plus vite et on trouve les jours trop longs. Quand on éprouve le besoin de se mesurer tous les matins, grâce à une petite marque faite avec un trait de crayon sur le chambranle de la porte de sa chambre et qu'on découvre chaque soir qu'on n'a pas grandi d'un seul demi-centimètre durant la journée ! Une enfance où l'on se sent trop petit, donc impuissant pour faire face à tout ce qui nous arrive et que la rage et la colère nous habitent dès qu'on ouvre les yeux, car on sait à l'avance que la journée va être difficile, rude, violente.

Très tôt, dès la première année de la grande école, François se souvenait de son malaise qui se répétait tous les jours (sauf le dimanche), quand son père lui faisait signe avec sa main droite et qu'il montrait quatre doigts. Cela voulait dire qu'il devait aller chercher quatre bouteilles de vin chez l'épicier du coin. Du gros rouge pas cher, dont son père buvait chaque jour quatre litres. C'était sa ration quotidienne. Mais le plus difficile pour François, c'est qu'il devait faire cela en cachette de sa mère, car elle se mettait chaque fois en colère quand elle découvrait que son mari avait bu.

Comment savait-elle qu'il avait bu ? À l'odeur tout d'abord, le vin mal digéré, cela sent mauvais, surtout pour les proches, ou quand elle voyait son mari trébucher entre le couloir et la cuisine, quand les mots se mélangeaient dans sa bouche, quand il se mettait en colère pour des riens, quand il criait contre le chat qui voulait se frotter contre ses jambes, quand il se levait brusquement de table, refusant de manger en hurlant qu'il n'avait pas besoin de « toutes ces saloperies qui faisaient mal à son estomac » ! Et surtout quand son fils, arrivant de l'école, ne savait jamais, en se retrouvant devant son père, s'il recevrait un baiser ou une gifle.

Car, peut-être ne le savez-vous pas, les personnes qui sont sous l'emprise de l'alcool, qui ont trop bu, qui sont saoules comme on dit, ont des réactions imprévisibles.

On ne sait jamais ce qui va sortir d'elles. Elles peuvent vous prendre dans leurs bras dans un mouvement d'affection un peu excessif, ou encore vous rejeter, vous agresser, crier contre vous tous les reproches du monde, de façon totalement disproportionnée avec la situation, ou encore vous serrer très fort en pleurant et en gémissant : « Je sais que tu as honte de moi, je sais que tu voudrais que je sois mort ! »

Ce qui était le plus douloureux pour François, c'était de ressentir qu'il aimait son père et qu'il n'arrivait pas à lui donner tout l'amour qu'il avait en lui. Tout se passait comme si, entre son père et lui, il y avait un écran constitué par une immense bouteille de vin. Vous imaginez bien que cette bouteille était un véritable obstacle, que ses bras étaient trop petits pour qu'il puisse serrer son père tout contre lui. Il avait le sentiment que même les mots, cette phrase qu'il se répétait le soir dans son lit : « Papa, je t'aime », ne pourraient jamais sortir de sa bouche. Que s'il osait dire cela : « Papa, je t'aime », un flot de vin torrentiel sortirait des yeux, des oreilles, de la bouche de son père et le noierait. Il croyait réellement que cela se passerait ainsi. Il en discutait sur le chemin de l'école avec son meilleur ami Marcel qui, lui, cherchait à le rassurer en lui disant : « Mais non, tout le vin que ton père boit, il le pisse le lendemain ! » François ne croyait pas son ami. Il savait, lui, qu'une grande partie de ces quatre litres de vin absorbés tous les jours restait à l'intérieur du corps de son père et noyait l'âme et l'esprit de cet homme.

Vous pouvez essayer aussi d'imaginer quelle était la souffrance de cet enfant, chaque fois qu'il voyait son père montrer quatre doigts de sa main. Il se sentait terriblement coupable d'aller chercher et de ramener à la maison le poison qui détruisait non seulement la vie de son père mais celle de toute la famille. C'était un enfant qui, au lieu d'être rassuré, apaisé, se sentait inquiet chaque fois qu'il mettait les pieds dans la maison familiale. Un enfant déchiré tant il se vivait comme impuissant à dire ses sentiments réels à son père.

Un jour, il eut une idée sublime. Il monta dans sa chambre, ferma la porte à clé pour ne pas être dérangé, écrivit sur une belle feuille de papier : « Papa, je suis ton fils, je t'aime ! » Puis il décida de vider, en cachette de tous, dans le caniveau, une des bouteilles parmi les quatre litres de vin qu'il allait chercher tous les jours chez l'épicier du coin. Il roula la feuille de papier qui contenait sa déclaration d'amour à son père, colla un petit bout de scotch pour en faire une sorte de tube de papier, le glissa dans la bouteille vide qu'il reboucha très soigneusement, avec la capsule en plastique et le petit rond en aluminium qu'il avait gardé tout entier. Il avait bien pris soin de ne pas le déchirer quand il avait ouvert la bouteille pour la vider.

J'espère que vous avez suivi le déroulement de toute l'opération, car ce n'est pas fini. Il avait préparé la semaine précédente une étiquette, qui ressemblait beaucoup à l'étiquette qu'on trouvait sur les bouteilles bues par son père, mais qu'il avait légèrement modifiée. Il avait écrit très soigneusement, en imitant les lettres habituelles : « ALCOOLISME DE MON PÈRE ».

Ce matin-là donc, il déposa comme d'habitude les quatre litres de vin destinés à son père, qui faisait semblant de s'occuper dans le jardin, derrière la porte du garage, et partit pour l'école.

Quand il rentra le soir, il était, je dois vous le dire, très tendu, très inquiet, encore plus inquiet que les autres jours. Il s'avança lentement dans le couloir, guettant le moindre bruit, gagna sa chambre et commença ses devoirs.

Peut-être que vous ne croyez pas encore aux miracles, et pourtant ce qui va suivre ressemble à un véritable miracle. Son père ne lui parla jamais de ce qu'il avait trouvé dans la bouteille, mais à partir de ce jour-là, il ne fit plus le geste de la main, montrant quatre doigts. Il ne demanda plus jamais à son fils d'aller chez l'épicier.

Aussi incroyable que cela puisse paraître, mais je vous le dis quand même, le père arrêta de boire. Et des années plus tard, François, au lendemain de la mort de son père, trouva dans son portefeuille une feuille de papier toute froissée, qui avait dû être pliée et repliée des centaines de fois et sur laquelle, malgré l'encre à demi effacée, on pouvait lire ces mots écrits par un enfant de dix ans : « Papa, je suis ton fils, je t'aime ! »

Le conte de la petite musaraigne qui avait subi une violence qu'elle croyait indicible

Nous pouvons ne pas garder dans le silence les violences reçues dans l'enfance. Nous pouvons oser mettre des mots sur les silences imposés. L'inceste devrait être reconnu comme un crime imprescriptible. Peut-être le sera-t-il un jour !

Je dois tout d'abord vous dire qu'une violence indicible est souvent une violence double qu'on a reçue une première fois dans le corps et qui se poursuit à l'intérieur de la tête parce qu'on ne peut pas la dire, parce qu'on ne peut en parler à personne.

La violence que cette petite musaraigne, qui se nommait Dana, avait reçue dans son corps s'appelle, au pays des humains, un inceste. Un inceste, cela veut dire, pour un enfant, une petite fille, que quelqu'un de sa famille, son père, un grand-père, un frère ou un oncle, s'est comporté, non pas comme un parent qui manifeste de la tendresse, de l'affection et des sentiments positifs, mais comme un homme qui agit comme s'il avait oublié que l'enfant était sa fille, sa petite-fille, sa sœur, sa nièce. Un homme qui impose une relation sexuelle doublement anormale, en transgressant un interdit grave : un adulte ne doit pas faire l'amour avec une petite fille, un parent ne doit pas faire l'amour avec quelqu'un de sa parenté proche et moins proche.

Pour Dana, cela s'était passé avec son oncle, le frère préféré de sa maman, quand elle était encore enfant, juste l'année de la grande école. C'était pendant les vacances, quand elle avait été confiée par ses parents à son oncle et à sa tante. Son oncle était entré un soir dans sa chambre et avait abusé d'elle durant tout un mois. Dana, honteuse, n'avait pu parler à personne de ce qui lui était arrivé. Elle se sentait sale et coupable, comme si c'était de sa faute. Elle n'avait plus jamais voulu aller en vacances chez son oncle.

Contre l'inceste existe, chez les musaraignes comme chez les humains, une loi inflexible qu'on ne doit pas contourner, qui doit être respectée par tous les papas, les grands-pères, les frères, les oncles. Une loi qui interdit au père d'avoir une relation sexuelle avec sa fille, au grand-père avec sa petite-fille, à l'oncle avec sa nièce, au frère avec sa sœur. Le fait de ne pas respecter cette loi est grave et entraîne une condamnation, un emprisonnement. Immédiatement, quand la petite fille a pu parler ou plus tard quand on découvre que ces hommes ont fait cela en cachette, et en imposant le silence. Le plus souvent quand la maman n'était pas là, quand la grand-mère était absente, quand la tante ou les parents étaient éloignés. Quand, profitant de leur force, de l'influence qu'ils pouvaient avoir sur une petite musaraigne (fille ou garçon), ils lui imposaient de faire l'amour. Dans ce cas d'ailleurs, on ne devrait pas appeler cela faire l'amour, car imposer son sexe par la force est aux antipodes de l'amour. Chez les musaraignes, imposer une relation sexuelle s'appelle un viol. Et dans un viol, l'amour n'existe pas, il est toujours absent.

En général, les musaraignes adultes qui violent les petites musaraignes sans défense le font en l'absence des autres adultes. Le plus souvent, ils n'hésitent pas à menacer la petite musaraigne de lui faire encore plus de mal si elle parle et, pour l'effrayer encore plus, ils vont dire qu'ils peuvent la tuer ou faire encore plus de mal à sa maman. Si bien que la petite fille, effrayée, garde le silence et inscrit ainsi, tout au fond d'elle-même, parfois durant des années, une blessure. Une blessure qu'on ne voit pas mais qui saigne à l'intérieur d'elle, qui pleure, qui crie et qui lui fait honte.

Une petite musaraigne qui a vécu un inceste est souvent désespérée à l'intérieur d'elle-même. C'est bien plus que de la tristesse, c'est un immense sentiment de désespoir, mêlé à des doutes et à des interrogations sans réponse. « Pourquoi est-ce à moi que c'est arrivé ? Mais qu'est-ce que j'ai fait pour que papa oublie que je suis sa fille, pour que grand-père ne se rappelle plus que je suis sa petite-fille, la fille de sa propre fille (ou la fille de son propre fils, si c'est le père de son papa) ? Pourquoi mon oncle m'a-t-il obligée à le toucher ? Est-ce qu'il le fait aussi à ses propres enfants ? Pourquoi mon frère qui m'aimait bien m'a-t-il fait autant de mal avec son propre sexe ? » Toutes ces questions et bien d'autres tournent en rond dans la tête d'une petite musaraigne dont le corps, et surtout le sexe, a été meurtri par un adulte trop proche, qui a perdu le contrôle, qui a voulu oublier la place qu'il devait tenir.

Bien sûr, ces petites musaraignes vont grandir, elles vont devenir des adolescentes et plus tard des femmes. Certaines vont se marier, avoir à leur tour des enfants et, si elles ont des filles, elles peuvent avoir des inquiétudes qu'il leur arrive la même chose. Elles peuvent avoir parfois une certaine défiance à l'égard de leur mari, du père de leur enfant, surtout si cet enfant est une fille ! Elles vont alors la surprotéger, l'empêcher de fréquenter des garçons, contrôler sans arrêt leur vie intime…

Peut-être qu'on enseignera un jour aux petites musaraignes qui ont vécu une telle violence dans leur corps à sortir du silence. Peut-être qu'on leur apprendra à mettre des mots sur ce qui s'est passé, à ne pas garder ce qu'elles ont vécu tout au fond de leur corps et dans leur tête. Peut-être aussi qu'on leur apprendra à se dire avec l'aide d'un dessin, d'un modelage ou d'un petit objet qu'elles trouveront dans la nature, peut-être qu'elles auront la force et le courage, avec l'aide de cet objet, de restituer symboliquement la violence à celui qui l'a déposée dans leur corps.

Depuis quelques années, on tente dans les écoles d'apprendre cette façon de faire aux petites musaraignes. Jusqu'alors peu d'enfants, et encore moins de parents, connaissaient cette possibilité très libératrice, qui consiste à ne pas garder en soi une parole qui blesse, un geste qui fait du mal, un comportement qui humilie ou qui semble injuste, mais à oser le restituer avec l'aide d'un objet symbolique à celui qui a violenté, qui a blessé. En restituant, en redonnant, quelque chose s'apaise, se réconcilie à l'intérieur d'une petite musaraigne blessée.

Aujourd'hui, cette pratique des actes symboliques s'est bien répandue chez les musaraignes, car elle est très libératoire, puisqu'elle est susceptible de réconcilier un enfant avec son passé, de l'encourager à retrouver l'amour de soi et l'estime de sa personne. Elle ne fait pas encore partie des habitudes relationnelles des humains qui vivent dans nos pays. Elle était connue autrefois et pratiquée par les Esquimaux, les Indiens, les Africains, les Aborigènes d'Australie, qu'on croyait plutôt sauvages ou primitifs. Tous ces peuples savaient en effet qu'il est toujours possible d'exprimer une douleur, de restituer une violence, d'affronter une peur ou de prendre soin d'un désir ou d'un sentiment avec l'aide d'objets auxquels on donne un sens et une destination symboliques.

Peut-être qu'un jour, dans les écoles des humains, comme on l'a fait chez les musaraignes, on apprendra aux enfants à mieux reconnaître en eux ce qui blesse leur corps et leurs pensées et à oser restituer la violence reçue. Pour ne pas la garder en eux et ainsi ne pas entretenir des blessures qui saignent à l'intérieur et des souffrances non dites.

Peut-être….

Le conte de la petite conteuse de rêves

Il y a une part d'éternité dans chaque amour donné et reçu qu'il nous appartient de protéger, de respecter et d'honorer tout au long de notre vie.

Il était une fois, dans un pays dont je ne dirai pas le nom, une petite fille, peut-être même que je devrais dire une très jeune fille, que j'appellerai Delphine, qui adorait sa maman. Vous allez me demander pourquoi je mentionne ce détail. C'est en effet plus étonnant et rare qu'on ne le croit, car il y a souvent beaucoup de malentendus, de tensions, de conflits ouverts ou cachés entre une fille et sa mère. Il est fréquent, dans ce pays dont je continue à taire le nom, d'entendre, de la part des filles à l'égard de leur mère, des reproches et des plaintes (« Tu me dis que tu m'aimes mais moi je vois bien que tu ne me m'aimes pas assez… »), des accusations (« On voit bien que je ne t'intéresse pas, tu es toujours sortie et moi je suis obligée de rester à la maison, je n'ai le droit de rien faire… »), des mises en doute (« Je me demande parfois si tu es vraiment ma mère ! »), des méchancetés ou si vous aimez mieux des agressions verbales injustifiées, destinées à blesser la mère (« Parce que tu crois que tu es belle peut-être, mais regarde-toi, tu as plein de rides et de kilos en trop, tu es une vieille, quand tu viens me chercher à l'école, j'ai honte de toi devant mes copines… »), des rejets (« D'abord je ne veux plus que tu viennes me chercher à la sortie du collège, ma meilleure amie m'a dit la dernière fois où tu es venue m'attendre : "Dis, ta mère, c'est un vrai pot de colle, tu ne lui as donc rien appris !" »).

Mais entre cette fille-là et sa mère, cela ne se passait pas comme ça. Il y avait, c'est vraiment étonnant, une grande confiance et surtout une grande liberté d'expression entre elles.

Oui, elles se parlaient très souvent. Non pas avec un bavardage banal autour du quotidien, de la nourriture ou des vêtements. Il y avait entre elles de vrais échanges, dans lesquels elles se découvraient, s'interrogeaient, partageaient des choses très personnelles : « Tu peux me raconter encore, maman, quand tu avais six ans, comment tu avais peur le soir dans ton lit, de l'ombre d'un poteau électrique qui ressemblait à un bonhomme qui venait te regarder dormir ? », « Tu as pu dire, toi, à ta mère que tu aimais deux garçons en même temps et que tu ne voulais pas choisir entre les deux, mais que tu aurais voulu qu'ils restent tes amoureux tous les deux en même temps ? », « Et qu'est-ce que tu as ressenti quand tu as saigné pour la première fois ? Est-ce que les autres le voyaient quand tu allais en classe ? Et comment tu as fait pour en parler à ton papa ? »

Mais cette petite fille avait aussi un grand désir, elle aurait voulu que sa maman soit toujours heureuse, qu'elle n'ait plus de soucis d'argent, qu'elle ait plus de temps libre, qu'elle puisse faire ce qu'elle aurait souhaité vivre sans se soucier du lendemain…

Alors, le soir avant de s'endormir, elle écrivait des poèmes et faisait aussi ce qu'on appelle des rêves éveillés, dans lesquels elle imaginait que sa mère gagnait à la Loterie nationale, qu'elle rencontrait un acteur de cinéma très célèbre ou même un maharajah ou encore un prince qui l'inviterait dans son château et lui demanderait de décorer toutes les pièces… et peut-être même plus tard de devenir la gouvernante de ses enfants et, pourquoi pas, qui lui demanderait de l'épouser. Mais au fond d'elle-même Delphine pressentait que sa maman refuserait. Elle savait en effet qu'il y avait encore dans le cœur de sa mère un amour très ancien, que celle-ci avait parfois évoqué avec émotion et pudeur. C'est le souvenir, toujours présent en elle, de cet amour qui faisait qu'elle pouvait affronter la vie sans jamais se décourager, sans jamais désespérer. Et Delphine, sa fille, dans ses rêves éveillés, imaginait qu'un jour elle retrouverait l'homme que sa mère avait aimé. Qu'elle lui demanderait de venir avec elle et qu'elle le conduirait par la main vers sa mère en disant à chacun de fermer les yeux. Qu'elle déposerait les mains de l'un dans celles de l'autre puis s'éclipserait pour les laisser seuls ensemble. Oui, elle imaginait cela. Et que ce serait un beau jour, une fête très douce.

En attendant, cette jeune fille faisait chaque jour, avec ses poèmes et ses rêves, plein de cadeaux imaginaires à sa mère en attendant de pouvoir retrouver l'homme de ce premier amour…

Si vous la rencontrez, dites-lui que moi aussi j'ai eu un premier amour, que je ne sais où elle se trouve dans le vaste monde mais qu'elle a une place dans mon coeur et qu'il m'arrive certains soirs de penser à elle, avec beaucoup d'émotion.

Le conte d'une lézarde qui battait la petite fille qui était toujours en elle

Quand une problématique relationnelle vitale n'a pas été résolue dans la génération où elle a été vécue, elle tente de se dire et de se résoudre dans la génération suivante. Et cela, aussi souvent qu'il le faudra, sur plusieurs générations parfois, pour arriver enfin à s'apaiser.

Il était une fois une lézarde adulte qui, devenue mère, battait chaque matin l'ex-petite fille qui était en elle. Vous allez me demander : « Mais comment cela est-il possible ? »

C'est non seulement possible mais très simple à faire. Chaque matin, cette lézarde donnait, avec ses deux pattes de devant, une fessée magistrale à sa petite fille de trois ans.

Vous allez alors me dire : « Vous vous trompez, c'est bien à sa propre fille qu'elle donne la fessée et non à la petite fille qui est encore en elle ! »

Non, non, je maintiens mon affirmation, c'est bien à la petite fille qui est toujours en elle qu'elle donne une fessée magistrale, même si c'est son enfant qui la reçoit !

En effet, pour comprendre ce phénomène, il faut remonter dans l'histoire de cette ex-petite fille lézarde ! Il s'était passé quelque chose de terrible dans sa vie, dont elle n'avait jamais parlé à personne. Quelque chose qu'elle ne se pardonnait pas. Et depuis qu'elle était devenue mère, sa petite fille de trois ans réveillait sans qu'elle en soit consciente, et cela chaque jour, la blessure liée à cet événement.

Alors, de façon très logique, vous allez me dire : « Il suffit de lui demander ce qui s'est passé pour qu'elle arrête ! »

Ce n'est pas aussi simple. Au pays des lézards les relations mère-fille ne sont jamais simples. De ce qui s'est passé, elle ne veut pas parler, car elle pense que tout est de sa faute, que cela n'aurait pas dû arriver si elle avait été plus vigilante, moins gentille. Elle se sent terriblement coupable. Elle a toujours cru qu'elle méritait, pour ce qui s'était passé, une punition exemplaire, et, comme cette punition n'est jamais arrivée, elle se la donne tous les jours. Comme elle a peur qu'il arrive la même chose à sa fille, tout se passe comme si elle protégeait sa fille en la battant, comme si elle lui interdisait par avance de vivre ce qu'elle-même a vécu ! Je sais, je sais, cela vous paraît illogique, paradoxal et peut-être complètement fou. Mais chez les parents lézards, les mobiles des actes sont complexes et remontent parfois très loin dans leur passé !

Vous ne semblez pas vous rendre compte de sa souffrance à la seule idée qu'il puisse arriver quelque chose de semblable à sa fille ! Comme mère, elle sent qu'elle ne le supporterait pas. C'est pour cela qu'elle tape et bat sa fille, pour s'opposer à l'éventualité qu'elle redoute tant.

La situation semble inextricable, et cela d'autant plus que la propre mère de cette ex-petite lézarde, la grand-mère donc de la petite fille qui est battue chaque matin, elle non plus n'a jamais parlé de ce qui lui était arrivé lorsqu'elle avait trois ans. Vous sentez bien en m'écoutant qu'il y a comme cela une sorte de répétition. On appelle ce phénomène une chaîne familiale. Cette chaîne circule de femme en femme dans cette famille de lézards.

Et comme chacun garde le silence, chacun se sent responsable à la fois de ce qui lui est arrivé et de ce qui pourrait arriver à son propre enfant.

Qui commencera à parler ? Qui osera mettre des mots pour arrêter de continuer à mettre des maux ? Qui aura le courage de sortir du silence en parlant clairement de ce qui est arrivé à chacune de ces petites lézardes ?

Je ne le sais pas. Peut-être ce petit conte contribuera-t-il à ouvrir une porte, chez l'une ou chez l'autre des mères lézards dont je viens de parler et qui ne peuvent s'empêcher de punir l'ex-petite fille en elles… en maltraitant leurs propres filles ! Ce qui paradoxalement est une façon de les protéger de quelque chose qui ne devrait jamais, jamais leur arriver.

Le conte de l'oie cendrée qui toute sa vie s'était mise au service des autres

Pour tous ceux qui vivent leur vie par personnes interposées. Pour tous ceux qui se perdent à se chercher dans le bonheur d'autrui. Pour tous ceux qui ont du mal à oser leur propre vie.

Il était une fois une oie cendrée qui, aux yeux de tous ses semblables, semblait avoir été bénie des dieux. Non pas que sa vie ait été un conte de fées, mais elle avait reçu beaucoup de dons. Tels que la beauté, l'intelligence, la sensibilité, la bonté et beaucoup d'autres qualités : elle était courageuse, décisionnelle, respectueuse de ses engagements. Par ailleurs, elle avait reçu en cadeau de la vie d'avoir vécu des rencontres exceptionnelles.

Ne croyez pas pour autant que son enfance avait été heureuse. Au contraire, celle-ci fut difficile, chaotique, douloureuse, avec un père rejetant, disqualifiant, doutant d'elle, très déçu d'avoir une fille et tellement blessé de ne pas avoir de garçon qu'il quitta sa famille quelques mois après la naissance de notre petite oie cendrée, pour ne plus jamais revenir.

Par contre, elle fut une fille adorée de sa mère, qui lui donna le meilleur d'elle-même, qui renonça à sa vie affective et sexuelle pour se consacrer essentiellement à elle. « Comme cela, pensait-elle, elle aura une meilleure vie que moi, elle pourra vivre ce que moi je n'ai pas pu vivre… »

Mais au pays des oies cendrées, c'est bien connu, à trop donner à un enfant, à trop vouloir pour lui le meilleur, à trop se sacrifier pour enlever tous les obstacles et supprimer les difficultés, on risque de déposer sur lui une dette irremboursable.

Aussi cette oie, qui s'appelait Marjorie, se sentait-elle toujours devoir quelque chose au monde entier. Elle pensait que si elle avait tant reçu, elle se devait non seulement de redonner, mais aussi de prendre en charge les difficultés, les problèmes, les souffrances des autres... D'ailleurs on l'appelait d'un surnom qui lui allait parfaitement : « J'arrive-tout-de-suite ». Dans son entourage, chacun pouvait lui demander tout ce qu'il voulait, car non seulement elle répondait : « J'arrive tout de suite ! » mais elle anticipait, elle imaginait à l'avance ce dont pouvaient avoir besoin l'autre et tous ceux qu'elle croisait ou qui la fréquentaient. Il suffisait qu'on invoque un problème, une difficulté, un malheur, et « J'arrive-tout-de-suite » répondait présente.

Elle aurait pu être heureuse, vivre une vie de rêve si elle avait pu accepter de ne pas prendre sur elle toutes les difficultés, tout le malheur des autres et surtout de renoncer à la mission de les réparer. Vous allez certainement me dire qu'elle devait être très heureuse de rendre service, de se dévouer, de vouloir réparer, compenser ainsi une partie de la violence et des injustices qui traversent le monde. Peut-être, mais je doute que ses véritables besoins, ses aspirations profondes soient satisfaits ou comblés de cette façon !

Comme vous pouvez l'imaginer, elle recevait beaucoup de manifestations de sympathie, elle était très recherchée, mais il y avait au fond d'elle beaucoup d'insatisfaction et de frustration, le sentiment diffus de passer à côté de l'essentiel, de ne pas totalement respecter sa vie.

Cela d'autant plus qu'elle était d'une grande habileté pour s'entourer d'amies jalouses, revendicatrices, accusatrices, qui sabotaient subtilement son présent, en lui donnant le sentiment qu'elle n'en faisait jamais assez, qu'avec tous les dons qu'elle avait... elle aurait pu en faire plus, être « quand même plus généreuse » !

Bien sûr elle rebondissait, retrouvait joie de vivre, enthousiasme, projets extraordinaires et réussites exceptionnelles mais... tout au fond, il y avait en elle des doutes, une insatisfaction tenace.

Elle mit longtemps à prendre conscience que chaque fois qu'elle pouvait vivre quelque chose pour elle-même, entrer dans une rencontre intime, s'abandonner au plaisir, il fallait toujours qu'elle s'autosabote en introduisant des pensées parasitaires dans la situation, en sortant de l'instant présent pour se projeter dans le futur, en introduisant quelque chose dans sa rencontre qui allait perturber, empoisonner le moment où elle aurait pu être pleinement heureuse.

Ainsi, il arrive au pays des oies cendrées que certains enfants se donnent des missions impossibles en tentant désespérément, pathétiquement, de rendre, de rembourser tout ce qu'ils ont reçu de l'un ou l'autre de leurs parents qui ont laissé croire qu'ils avaient sacrifié leur vie pour eux.

Le conte de l'homme qui savait recueillir les mémoires égarées

J'ai toujours eu du mal à accepter qu'une pensée non reçue se perde jamais, qu'un rêve se dilue à la fin d'une nuit, qu'une parole non entendue s'envole pour toujours, qu'un amour disparaisse dans l'oubli parce qu'il n'est pas amplifié. Il doit bien exister des lieux, des êtres, des temps où tout cela est recueilli en attente d'autres existences.

Quand j'ai rencontré, au soir de ma vie, ce très vieil homme, une des premières choses qu'il a spontanément partagées avec moi fut de me demander si j'avais un peu de place dans ma mémoire pour qu'il puisse y déposer le trop-plein de souvenirs qui ne lui appartenaient pas, et surtout si je pouvais accepter d'accueillir des mémoires égarées qui s'étaient perdues et qui cherchaient elles aussi un espace, un endroit calme où se poser.

Je fus surpris et plus encore extrêmement ému car je ne savais pas qu'il y avait comme cela, circulant dans l'azur ou dans les vagues des nuages, des souvenirs, des événements du passé qui ne nous appartenaient pas et qui demandaient à être accueillis, hébergés pour qu'on ne les oublie pas. J'ignorais qu'il y avait ainsi, déposés à la surface des brumes du matin, dans le clair-obscur des soirées ou dans le scintillement des rosées printanières, des morceaux de mémoire à recueillir pour les empêcher d'errer et même de souffrir à l'idée que plus jamais quelqu'un ne s'en souvienne.

Comme je me sentais attiré par lui et pour mieux comprendre ce que le vieil homme attendait de moi, je lui ai demandé :

« Tu as donc en toi des souvenirs qui ne sont pas les tiens ! Tu veux me dire que tu ne veux plus les garder, que tu veux les déposer en moi pour t'en débarrasser ?

– Pas pour m'en débarrasser, me répondit-il, oh, non, je pourrais les garder encore un peu, mais ils prennent une telle place en moi et surtout ils augmentent chaque jour et compriment ma mémoire. De plus, ces souvenirs ont une telle intensité, une telle énergie quand ils se frottent les uns aux autres que j'ai tendance à les mélanger. Je voudrais qu'ils restent entiers. Si j'en déposais quelques-uns chez toi, je ferais un peu de place en moi, ce qui me permettrait de mieux accueillir les souvenirs que je garderais.

– Je veux bien essayer, mais je ne sais pas si ma mémoire tiendra le coup, elle n'est pas terrible ; pour mes propres souvenirs déjà, je trouve qu'elle a beaucoup de trous !

– Justement, c'est dans ces trous-là que peuvent venir se loger les souvenirs des autres. Tu vas découvrir que ce sont des trous extensibles, incroyablement vastes, immenses comme des cathédrales, capables de contenir les souvenirs de plusieurs générations. Tu veux qu'on essaye ?

– J'ai besoin que tu m'en dises plus. »

Et je sentis en disant ces mots que si je donnais mon accord, ce serait un vrai engagement, et je voulais mieux comprendre, pour tester ma propre capacité à accepter une mission que je ressentais comme exceptionnelle.

« Pour commencer, je peux te confier les souvenirs d'une femme qui a perdu son bébé avant même qu'il ne naisse. Il était mort depuis deux mois en elle et elle ne le savait pas. C'est cela qui, par la suite, l'a fait souffrir le plus, de ne pas avoir senti dans son ventre, dans son cœur, ce qui s'était passé malgré elle. De ne pas avoir su que son bébé avait cessé de vivre, alors qu'elle lui parlait tous les jours, que toute sa vie à elle, depuis des mois, était organisée autour de ce bébé porté dans son ventre.

– Et si j'accueille ce souvenir, que se passera-t-il ?

– Elle en sera soulagée, n'étant plus seule à le porter, elle pourra peut-être entendre combien ce bébé lui avait fait le cadeau de rester le plus longtemps possible avec elle. Même sans vie, il est resté autant qu'il a pu. Il lui a donné ainsi, jusqu'au bout, le maximum de sa présence.

– Tu crois donc que ça marche comme cela ? Qu'il suffit d'accueillir les souvenirs de quelqu'un pour le soulager, lui permettre de mieux les vivre et de se sentir plus en accord ?

– Comme cela et autrement encore. Nous avons beaucoup de moyens à notre disposition pour ne pas entretenir souffrances, rancœurs, désarrois, ressentiments, mais aussi pour amplifier tout le bon que nous avons reçu ou vécu ! Le seul fait de parler, de déposer chez quelqu'un, qui sait l'accueillir, ce qui nous a blessés ou rendus plus heureux est un véritable soulagement. Cela nous ouvre à plus de bien-être.

– Je veux bien essayer, mais avant dis-moi encore : comment cela s'est-il passé pour toi ?

– Un jour où je rêvais les yeux ouverts, j'ai découvert que je pouvais me rappeler des choses que je n'avais jamais vécues, des choses qui appartenaient à d'autres personnes, des souvenirs qui flottaient dans l'air, quasiment détachés de ceux qui les avaient, eux, vécus. Des souvenirs qui semblaient reliés à ceux qui les portaient par d'infimes filaments de tristesse ou de douceur. Et comme moi aussi j'avais des trous de mémoire concernant ma propre histoire, ces souvenirs qui ne m'appartenaient pas sont venus se déposer en moi. J'ai enfin compris que les trous de ma mémoire étaient si profonds qu'ils pouvaient contenir des parties de mémoire ou même les mémoires entières d'autres personnes.

– Quand tu imagines que ces souvenirs viennent en toi, c'est comme si tu les inventais, alors ?

– Pas du tout, je n'ai pas besoin de les inventer, ils viennent à moi d'eux-mêmes, comme attirés par mon écoute, ma disponibilité, ma tolérance, à moins que ce ne soit par ma propre histoire. Une histoire qui vient de loin, qui se ramifie et se greffe à d'autres histoires, à celles de toutes les lignées croisées dont je suis issu ! Je sais par exemple que je viens de plusieurs pays, que je suis le résultat d'une infinitude de désirs et de contradictions, de rencontres et d'abandons, d'amour et de violence.

– Mais alors, tu dois être encombré de plein de choses qui ne doivent pas toujours être drôles !

– Pas encombré, mais enrichi, fécondé par toutes sortes d'événements, de vies, de drames et de bonheurs qui naviguent un peu perdus dans la trame du temps et que j'ai simplement accueillis. Le transfert se fait automatiquement. Il suffit d'être ouvert et surtout de bien regarder la personne en face de toi. Tu verras dans ses yeux un passage, comme un couloir qui va en s'élargissant à mesure qu'il approche de toi... »

Je dois vous le confier, je n'ai pas donné tout de suite mon accord : je voulais d'abord réfléchir encore un peu à cette étrange proposition. Mais quelques jours plus tard, malgré moi, je sentis que j'étais habité par des souvenirs qui ne m'appartenaient pas. Je découvrais que, face à certaines personnes, je pouvais capter des souvenirs, des événements dont elles ne me parlaient pas directement et que pourtant j'entendais à l'intérieur de moi. Que les trous de ma mémoire s'emplissaient de souvenirs, de rêves, de mémoires qui n'étaient pas les miens, mais qui me correspondaient totalement. Et qu'ils agrandissaient ainsi les possibles de ma vie.

Peut-être que vous pouvez vous aussi faire un peu de place dans les trous de votre mémoire pour accueillir des événements, des souvenirs qui vont embellir, agrandir, dynamiser vos propres souvenirs.

Le conte de l'homme qui n'avait jamais aimé

Il semble plus facile d'être aimé ou de se laisser aimer
que d'aimer ou d'offrir son amour sans condition.
Mais il me paraît impossible d'aimer
si l'on n'a pas appris à s'aimer.

C'était un homme comme on en voit peu de nos jours, il avait un cœur énorme. Un cœur qui ne se contentait pas de battre pour le maintenir en vie, pour permettre à son sang de circuler dans tout son corps, comme c'est la mission de tous les cœurs, mais un cœur qui résonnait, vibrait à l'unisson de tout le vivant qui l'entourait.

Ne croyez pas qu'il avait le cœur gros, il avait seulement le cœur ouvert sur la vitalité et sur l'impatience de la vie.

Tout se passait comme si la vie courait après lui (alors que tant d'hommes courent après elle), comme si elle tentait de pénétrer par tous ses pores dans chacune de ses cellules, de trouver un espace dans chaque fibre de son corps pour s'agrandir encore un peu avec lui.

La vie, pour ceux qui l'auraient oublié, est une vibration permanente et infinie qui met en relation avec le Tout, avec l'ensemble du vivant. Il ne suffit pas d'avoir été conçu comme beaucoup le croient, encore faut-il, pour se sentir vivant, prendre soin de cette infime parcelle de vie qui nous a été offerte à la conception, encore faut-il apprendre à respecter, à agrandir cette graine de vie qui est en soi, quand elle nous a acceptés.

Respecter, nourrir la vie avec du bon dans les rencontres avec autrui, avec de la beauté chaque fois que nous la rencontrons, la vivifier par un rapprochement avec la nature, la dynamiser avec l'immensité de l'imprévisible quand nous acceptons de recevoir les cadeaux inattendus de l'existence, n'est pas donné à tous. Beaucoup s'égarent, se perdent dans le faire, dans les errances de l'action, dans le labyrinthe infini des blessures du passé, dans la conquête du futur, en oubliant de vivre le présent à plein temps.

Je vais cependant vous surprendre en vous disant que cet homme, dont le cœur était pourtant si gros, n'avait jamais aimé. Je veux dire par là qu'il n'avait jamais senti son cœur battre pour une femme (ou pour un homme, pourquoi pas). Il ne l'avait jamais senti s'émouvoir devant un de ses semblables, ni être habité par le désir de rechercher la présence d'une personne aimée, qu'il aurait reconnue comme précieuse, indispensable à sa vie. Cela peut paraître curieux mais c'est ainsi. Quand il sondait l'espace de son cœur il ne voyait pas la plus petite lumière ou la moindre flamme qui aurait pu s'allumer ou brûler pour un être cher.

Il avait été beaucoup aimé, je devrais dire qu'il s'était laissé aimer, sans se rendre compte au long des ans qu'il consommait l'amour des femmes et de tous ceux qui s'attachaient à lui, mais sans rien donner de lui-même.

Il s'était marié avec une femme qui croyait l'aimer suffisamment pour deux. Ses enfants avaient grandi, étaient devenus parents à leur tour et chacun aimait, admirait ce père et ce grand-père qui leur paraissait si vivant, si chaleureux, si bienveillant. Nul ne savait qu'au fond du cœur de cet homme, pourtant si grand, si ouvert sur les plaisirs de la vie, il y avait un vide, un espace sombre, très froid, insensible et qui semblait fermé à jamais.

Il faut savoir cependant que les amours qui naviguent silencieusement de par le monde sont habiles à nous surprendre à tout âge, qu'elles sont extrêmement créatives pour trouver le moyen de nous réveiller et de nous entraîner dans leur tourbillon et leur passion. Car, peut-être ne le savez-vous pas, les amours aiment être aimées !

Et c'est ainsi que cet homme au cœur immense, mais qui n'avait jamais laissé pénétrer un amour en lui, eut une grande surprise qui le bouleversa à jamais. Dans les dernières années de sa vie, il se sentit un jour attiré, emporté devrais-je dire, vers une femme. Ce fut comme un torrent, une tempête, une révolution qui l'enleva d'un seul coup. Il fut bousculé, secoué, amplifié aussi par une succession de sentiments nouveaux qui ouvraient son cœur, pénétraient dans son corps, envahissaient son esprit et lui donnaient le sentiment qu'il naissait enfin à la vie.

Je ne vais pas vous décrire plus longuement ce que fut l'existence, puis-je dire le calvaire de cet homme. Car la femme qu'il aima ne l'aimait pas. Son cœur à elle était tourné vers quelqu'un d'autre, engagé dans une autre direction. L'amour en réciprocité est, au pays des hommes, une espérance recherchée et désirée par beaucoup mais rarement comblée.

Découvrir qu'il est possible d'aimer (et parfois aussi d'être aimé à tout âge) est un cadeau inouï, un très beau cadeau à accueillir. Encore faut-il que deux amours, deux sentiments d'amour portés par deux êtres différents acceptent de se rencontrer.

Le conte de la petite sauterelle qui s'appelait Jérézon

Le plus beau des cadeaux que l'on peut faire à un enfant,
et qu'il pourra transmettre plus tard à ses propres enfants,
n'est pas tant de l'aimer que de lui apprendre à s'aimer.

Il était une fois une petite sauterelle, appelée Jérézon, qui avait pris l'habitude de se mettre en colère, de bouder et même de crier chaque fois que sa maman sauterelle, son papa sauterelle ou son frère sauterelle ne faisait pas ce qu'elle voulait ! La plupart du temps, surtout quand on la laissait faire ce qu'elle désirait, elle était très gentille et très mignonne, cette petite sauterelle, mais sitôt qu'elle était contrariée, alors là, elle se mettait en colère et devenait une véritable furie ! Savez-vous qu'une sauterelle qui devient une furie est capable de déclencher l'équivalent d'une tempête en renversant ou en cassant tout autour d'elle, en déchirant et piétinant tout ce qu'elle trouve à portée de pattes ? Jérézon était comme ça, elle avait ce caractère-là, elle voulait toujours que les autres fassent ce qu'elle demandait, tout, tout de suite et sans discuter.

Et comme elle exigeait sans cesse beaucoup de choses, vous imaginez ce qui pouvait se passer dans cette famille. C'était souvent des conflits, des cris, bref, des histoires de sauterelles. Tout devenait prétexte à des affrontements, des disputes, des revendications et même à des bagarres, car elle ne renonçait jamais dès qu'elle avait énoncé une exigence.

Ainsi, quand elle commençait le matin par dire : « Je veux jouer à la balançoire » et que sa maman répondait : « Ce n'est pas le moment, il faut te préparer pour aller à l'école » ou : « Non, c'est l'heure de ton bain ». Tard le soir on pouvait encore l'entendre crier : « Je ne veux pas... Je ne veux pas... Je ne veux pas prendre mon bain, je veux jouer à la balançoire ! » Ou encore : « Je ne veux pas me coucher, je veux rester avec papa !

– Mais tu sais bien qu'il a encore du travail à terminer, répondait sa mère.

– Non, je ne veux pas me coucher ! »

Et cela durait jusqu'à ce que, épuisée, elle tombe dans le sommeil. Mais le lendemain matin, elle commençait la journée en boudant, en faisant la tête, ce qui mettait tout le monde mal à l'aise.

Cette petite sauterelle était très capricieuse, elle trouvait toujours quelque chose à demander ou à faire au moment même où il fallait faire quelque chose d'autre.

« C'est l'heure de t'habiller !

– Non, je joue avec ma poupée. »

Comme vous le voyez, Jérézon voulait toujours avoir raison. Elle était très habile à mettre son entourage en échec, comme pour se faire rejeter dans un premier temps, pour tester la patience ou la volonté de ses parents. Parfois, elle se calmait, revenait en sautant sur ses pattes arrière, bougeait ses petites antennes dans la direction de sa maman, se faisait câline et, comme tout au fond d'elle-même cette petite sauterelle avait bon cœur, sa mère ou son père ouvrait ses pattes de devant et Jérézon venait se mettre tout contre le ventre de sa maman ou de son papa.

Cette situation ne pouvait durer car la petite sauterelle Jérézon grandissait et ses colères et ses bouderies grandissaient avec elle. Il arriva un jour que sa colère devint tellement grande qu'elle ne pouvait plus être contenue dans son corps et qu'elle débordait de partout. En quelques semaines, deux mois tout au plus, son corps se déforma, s'agrandit dans le dos, son ventre doubla de volume, au point qu'elle n'arrivait même plus à sauter, à danser, ni à se promener. Ses colères emplissaient tellement son corps qu'on se demandait parfois si elle n'allait pas éclater.

Alors un soir, elle prit une grande décision, elle appela son papa, sa maman et leur dit… quelque chose de très important dans le langage des sauterelles, quelque chose qu'elle n'avait jamais réussi à leur dire, quelque chose de très personnel que, jusque-là, elle n'avait jamais pu exprimer tant elle en avait honte.

Elle leur demanda d'une voix toute petite : « Est-ce que toi, papa, tu es mon vrai papa et est-ce que toi, maman, tu es vraiment ma vraie maman ? C'est important pour moi de savoir, parce qu'une fois j'ai entendu à l'école une petite sauterelle dire à une autre en parlant de moi : "Celle-là, on ne sait pas d'où elle vient, elle ne ressemble à personne" ».

Ses parents ont écouté leur fille. Ils ont entendu cette angoisse qui l'habitait. Ils ont pu lui témoigner leur certitude qu'elle était bien leur fille.

À partir de ce jour, la petite sauterelle changea de caractère et de comportement. Ainsi se termine le conte de la petite sauterelle, habitée par un non-dit important et qui se mettait toujours en colère quand on ne faisait pas ce qu'elle voulait.

Elle m'a confié son histoire pour que je tente de faire mieux comprendre aux autres enfants sauterelles, qui ne se sentent pas bien à l'intérieur d'eux-mêmes et qui déclenchent alors tout plein de conflits, notamment avec leur entourage, qu'il y a en eux des questions et des interrogations qui ont besoin de réponses. Peut-être que vous, qui m'avez lu, avez une toute petite idée sur les questions que des petites sauterelles comme Jérézon pourraient poser à leurs parents. Si c'est le cas, écrivez-moi pour partager cela avec moi.

Le conte de l'ex-petite fille qui cherchait un prince charmant

Nous commettons l'erreur de vouloir être aimés à tout prix, surtout quand nous avons beaucoup de mal à nous apprécier et à nous respecter.

Il y a beaucoup d'ex-petites filles qui recherchent avec leurs yeux, avec tous leurs sens en éveil, un prince charmant, et même qui le trouvent, du moins dans les premiers temps d'une rencontre. Car souvent, dans la durée d'une relation pouvant aller de quelques jours à quelques mois, le prince charmant va se révéler… moins charmant, moins gentil, moins prévenant et surtout moins agréable à vivre qu'elles ne l'avaient imaginé, dans la fougue de leur confiance.

Il faut dire aussi qu'il y a peu d'ex-petites filles qui le recherchent avec leur cœur, avec cette écoute sensible qui leur permet d'entendre les vibrations positives et joyeuses de celui qui se trouve là, un jour, justement en face d'elles et en qui elles reconnaissent immédiatement l'âme sœur, l'alter ego, celui qui leur paraît comprendre ce qu'elles sont, ce qu'elles souhaitent partager, ce qu'elles désirent. Celui avec lequel elles auraient envie de faire un long bout de chemin main dans la main, avec des yeux curieux pour accueillir ce qu'elles ont envie de faire découvrir à l'autre, avec cette faim au ventre de rêver ensemble, de partager tout ce qui leur paraît essentiel.

J'en connais une qui avance depuis longtemps dans la vie avec cette recherche exigeante en elle. Ne croyez pas qu'elle n'ait rencontré personne, au contraire, beaucoup de princes et de non-princes ont attiré son attention, retenu ses espérances, mobilisé ses émois.

Elle chemina avec quelques-uns, s'égara avec certains, se blessa avec d'autres mais aussi s'apprivoisa avec un qui lui donna un enfant. Mais tels deux voiliers sur l'immense mer de la vie, un jour de vulnérabilité ils durent se séparer dans les chaos et les furies d'une tempête si violente, si dure, qu'ils n'arrivèrent pas à se retrouver.

Cette ex-petite fille, devenue épouse, puis mère, puis femme solitaire, ne renonça jamais à son rêve de rencontrer un prince charmant.

Il se fit qu'un jour elle le trouva et, quand elle le vit, elle sentit qu'elle ne pourrait le garder pour elle toute seule. Que ce prince n'appartenait à personne car il se donnait à tous ceux qui venaient l'écouter et suivre son enseignement. Ne croyez pas qu'il était un maître détenteur d'une vérité unique, un gourou aux capacités d'élévation spirituelle profondes, non, ce prince de l'esprit et du cœur prêchait l'amour. Non seulement l'amour de l'autre, un don d'amour envers ses semblables, mais il enseignait aussi et surtout l'amour de soi. Un amour de bienveillance, de respect, de compassion envers les différents aspects de nous-mêmes qui parfois se combattent en nous et sont si antagonistes qu'ils nous laissent démunis, déstabilisés ou bloqués face à la vie.

Ce prince de cœur apprenait à tous ceux qui l'approchaient à devenir de meilleurs compagnons pour eux-mêmes, à rencontrer le meilleur de leurs possibles, à renoncer aux accusations, aux reproches, aux ressentiments et aux rancœurs que nous pouvons entretenir envers quelqu'un qui nous a déçus, frustrés, trompés ou même violentés. Cet homme-là ne demandait rien pour lui-même, n'exigeait rien de vous, il vous offrait seulement un accueil et une écoute qui vous permettaient de mieux vous entendre, de mieux vous reconnaître dans le labyrinthe de vos pensées, de mieux utiliser vos ressources et d'oser vous aimer.

Je ne sais ce que cette ex-petite fille fera du cadeau que représente cette rencontre avec un prince de cœur. Je peux imaginer qu'elle accueillera ce cadeau au présent, en le vivant à temps plein et qu'elle fera de son mieux pour ne rien saboter de cette relation si elle est importante pour elle.

Le conte de la petite lapine qui aimait tellement son frère que…

La mémoire de nos corps est non seulement immense mais ses racines sont loin en amont de notre vie et peut-être se prolonge bien au-delà des limites de notre existence.

Il était une fois une petite lapine, que je vais appeler Lisa, qui avait un frère. Mais attention, ne confondez pas frère et frère. Celui-là était très particulier, il était plus qu'un frère. Il était devenu un compagnon, un confident, un soutien, il était surtout un amour. Oui, oui, un amour absolu. Il était la personne la plus importante au monde pour cette petite lapine. Elle l'aimait et se sentait aimée par lui, ce qui lui donnait une confiance extraordinaire, non seulement en elle, mais dans la vie ! Et cela dura toute son enfance, toute sa jeunesse, jusqu'au début de sa vie d'adulte…

Aussi, quand ce frère fut atteint du sida et qu'il en mourut, faute d'avoir suivi un traitement, cette ex-petite lapine fut inconsolable. Elle vécut cela comme une injustice, comme une violence terrible qui lui était faite.

Mais peut-être vous, qui me lisez, savez comme moi que ce n'est pas ce qui nous arrive qui est le plus important, le plus important est ce que cela touche en nous.

Qu'est-ce qui a été touché chez Lisa, qu'est-ce qui a été réveillé, restimulé en elle, par la maladie et la mort de ce frère ?

Des années plus tard, la blessure, le souvenir, le regret, l'amertume, le ressentiment caché, nié, mais toujours présent, tout était encore là, tenace, vivace, si sensible en elle, qu'il ne se passait pas de jour où elle ne pensait à lui.

Vous ai-je dit que cette ex-petite lapine devenue adulte avait eu une fille ? Cette fille s'appelait Capucine. Une fille qui, elle, à sa façon, à l'aube de sa vie d'adulte, était en grande difficulté, car elle maltraitait sa vie, on aurait pu dire même qu'elle s'autodétruisait avec un courage exceptionnel. C'est évident, quand on ne peut pas dire ce qui nous habite avec les mots, on va le crier, sans le savoir aussi clairement que je l'énonce, avec des comportements atypiques ! C'est-à-dire avec des comportements que l'on n'attend pas d'une petite lapine normale. En fait, Capucine s'était donné la mission de protéger sa mère à tout prix. Elle ne voulait pas que sa mère découvre qu'elle-même était fragile, malheureuse. Car Capucine pensait que Lisa, sa mère, était trop vulnérable. Trop blessée par le décès de son frère tant adoré. Ce frère qui aurait été son oncle s'il avait vécu.

Chez les lapins, un enfant fidèle est un enfant qui a entendu, sans même qu'on ait eu besoin de les lui dire, les blessures cachées de l'un ou l'autre de ses parents. Et ce genre d'enfant (ou ex-enfant) va tenter d'attirer l'attention de ses parents, de les aider à mettre au jour les violences qu'ils ont reçues dans leur enfance. Tout cela en prenant sur lui d'adopter un comportement atypique plus ou moins autodestructeur, comme de prendre du poids en devenant boulimique ou au contraire en perdant du poids en devenant anorexique, ou encore en se droguant, en attentant à sa vie par des comportements à risque, en paralysant ses propres désirs, en vivant à mi-temps, et parfois même en mettant en péril son existence par des tentatives de suicide.

Peut-être y a-t-il, chez Capucine, le désir caché de vérifier si l'amour d'une mère pour sa fille est aussi important que celui que peut avoir encore une sœur envers son frère mort !

Bien sûr, chez Capucine, il y avait eu un événement déclencheur, une rupture amoureuse, douloureusement vécue à son adolescence, une perte donc, qui avait réveillé chez elle aussi une blessure plus ancienne, dont elle n'avait jamais parlé. Mais l'élément déclencheur n'est jamais la cause d'un trouble de longue durée, c'est simplement la mise à feu, la mèche qui va conduire à l'explosion. Pour que l'ensemble saute, il faut une mèche, un tonneau de poudre, du vent, l'âge du capitaine, le palpitement d'une aile de papillon à Valparaiso... et surtout, surtout, un événement resté dans le non-dit, dans l'indicible !

Le malentendu le plus grave dans ce genre de situation, c'est que le parent le plus concerné, Lisa par exemple, va se mobiliser, va s'occuper activement des malheurs, des difficultés actuels de Capucine, son enfant. Elle va s'investir à temps plein, faire appel à des amis, puiser dans toutes les ressources de son entourage pour tenter d'aider son enfant, alors que c'est d'elle-même qu'elle devrait s'occuper. Certains parents vont même créer ou s'engager dans des associations humanitaires, faire beaucoup, beaucoup pour les autres, en oubliant... de faire pour eux ! En se gardant bien d'entendre ce qui a été touché dans leur propre histoire. Ainsi chez Lisa par la mort de son frère aîné tant aimé. Et surtout en évitant de s'interroger : « Mais qu'est-ce qui fait que je me suis fixée, attachée comme cela à mon frère ? Que s'est-il passé entre lui et moi pour qu'il en soit ainsi ? »

Alors je vais inventer une histoire, pour permettre d'entendre, peut-être, peut-être, un peu de ce qui n'a jamais été dit dans une histoire de vie…

Un jour, un soir, un lapin et une lapine font l'amour. Et des millions de spermatozoïdes vont à la recherche, à la rencontre d'un ovule qui voudra bien les accueillir. Et parfois au même moment deux ovules s'aventurent dans le même espace de l'utérus de la lapine. Deux ovules vont rencontrer, chacun, un spermatozoïde et sera fécondé. Chacun de ces ovules reçoit la vie mais ne va pas la porter de la même façon…

Car il arrive parfois, dans ce type de grossesse gémellaire, que cela se complique. L'un des ovules sera viable et restera jusqu'à sa maturation dans le ventre de la lapine et émergera dans le meilleur des cas quelques mois après. Un bébé lapin viendra au grand jour. Mais il arrive parfois que l'autre ovule, pourtant fécondé en même temps, ne soit pas viable et soit rejeté, évacué. Autrement dit, certaines grossesses cohabitent avec une fausse couche, le plus souvent invisible, non perçue par la maman lapin. Un petit écoulement de sang, une évacuation discrète, sans douleur, en allant aux toilettes. Mais le petit embryon resté vivant, celui qui a vécu quelques semaines, dans l'utérus, avec son compagnon ou sa compagne, on pourrait dire son alter ego, celui-là en garde le souvenir inaltérable. Oui, chez les lapins, le corps garde la mémoire de tout ce qu'il a vécu… Non seulement il en garde le souvenir, mais aussi la nostalgie. À tel point qu'une petite lapine passera le reste de sa vie à rechercher une âme sœur, quelqu'un à qui s'attacher, quelqu'un qui ne le lâchera pas, lui, comme l'autre, dans le ventre ! Et le paradoxe de cette dynamique, c'est que sa vie d'enfant, d'adulte, sera surtout jalonnée à la fois de pertes et d'une recherche effrénée d'amour et de sécurité. Ces lapins ou ces lapines rechercheront avec passion, courage, désespérément, pathétiquement l'âme sœur, le frère idéal ou la sœur idéale, le conjoint parfait, fidèle et ils seront pour la plupart d'entre eux, par maladresse tellement leur désir est fort, justement abandonnés, trahis, renvoyés à la solitude originelle des premières semaines de leur vie intra-utérine.

Voilà ce qui est réveillé parfois, des années plus tard, par la perte d'un être cher (un être de chair) : une vieille blessure archaïque, très ancienne, des premiers temps de la vie, une blessure innommable, incompréhensible… qui fait qu'on reste attaché, prisonnier de quelqu'un qui n'est plus, qu'on est censé n'avoir jamais connu, et qui cependant occupe beaucoup de place en nous.

Tout cela serait-il arrivé à Lisa ? Tout cela aurait-il été entendu par Capucine qui, à sa façon, tenterait de réparer la blessure cachée de sa mère ? Tout cela est fort possible au pays des lapins !

Le roi du silence

Il y a une grande différence entre partager et échanger.
Dans l'échange chacun donne et reçoit. Dans le partage,
il y a un qui donne et un autre qui reçoit. Il peut y avoir aussi
des partages en réciprocité…

Dès l'école primaire, on l'appela le « Roi du silence », non seulement parce qu'il était économe de ses mots, mais parce que son silence avait une qualité telle qu'il incitait l'autre à parler, à se dire, à exprimer des choses qu'il portait en lui depuis longtemps sans jamais avoir osé les énoncer… C'était un enfant malingre, à la poitrine un peu creuse et aux gestes souvent maladroits, qui ne réussissait pas beaucoup en gymnastique où il était largement le dernier.

Plus tard, devenu adulte, rien de particulier n'attirait l'attention sur lui. On pouvait dire sans risquer de se tromper qu'il passait inaperçu et soulevait peu d'intérêt dans un groupe ou une réunion. Les filles, dans un premier temps, l'ignoraient, ne le voyaient pas et, cependant, chaque fois qu'il était présent, il arrivait que l'une ou l'autre s'adresse à lui, non pour lui demander quelque chose ou lui proposer une invitation, mais pour lui parler. Pour se dire, se confier, exprimer parfois des idées qu'elle n'avait jamais dites à personne. Elles pouvaient ainsi lui raconter un souvenir d'enfance, un rêve, un projet ou un événement qui les avaient marquées.

Jean, car il s'appelait Jean, avait une façon bien à lui d'écouter. Tout d'abord il regardait les lèvres de celui ou celle qui s'exprimait, puis ses propres lèvres esquissaient quelques approbations ou confirmations silencieuses, infimes mimiques qui donnaient à l'autre le sentiment qu'il était bien reçu. Un peu plus tard, il regardait son interlocuteur un peu au-dessus du nez, entre les deux yeux, et continuait ses mimiques silencieuses. Et surtout il savait pencher la tête au bon moment. Cette légère inclinaison de la tête, sur le côté gauche, faisait que celui qui parlait avait soudain plus de confiance en lui.

Il n'avait pas besoin de poser de questions, de faire des commentaires, d'approuver ou de discuter ce qui venait de l'autre. Non, simplement il recevait. Jusqu'au moment où celui ou celle qui s'était confié disait un peu distraitement : « Bon, je te laisse, je dois rentrer. » Et lui répondait chaque fois toujours par la même formule : « Plein de vie en toi. »

À cette époque, au lycée où je l'ai beaucoup fréquenté, on ne l'appelait déjà plus le « Roi du silence » mais « Pleindevie ». Les nouveaux, ceux qui ne le connaissaient pas encore, croyaient que c'était un qualificatif positif que ses connaissances lui avaient attribué parce qu'il devait être « plein de vie ». Mais au bout de quelque temps, ils s'étonnaient, car s'ils le trouvaient très sympathique, ils ressentaient qu'il n'était ni très dynamique ni très vivant.

Si je vous disais que l'ex-« Roi du silence », celui qu'on appelait « Pleindevie », devint psychologue et plus tard encore psychanalyste, je ne vous surprendrais pas. Il était excellent dans son métier et il réussit plusieurs cures spectaculaires, même si plusieurs de ses patients désertèrent son cabinet, car ceux-ci avaient besoin de quelque chose de plus qu'une écoute silencieuse, aussi chaleureuse et bienveillante soit elle !

Lorsque « Pleindevie » se maria, sa disponibilité pour les autres ne diminua pas pour autant, même s'il se consacrait beaucoup à son couple, puis à sa famille, mais il n'en devint pas pour autant plus loquace.

Le malentendu qui surgit rapidement entre sa femme et lui fut qu'elle souhaitait avoir en face d'elle quelqu'un non seulement à qui parler, mais aussi qui puisse parler de lui, qui accepte d'exprimer ce qu'il ressentait, qui veuille partager ses enthousiasmes et ses doutes, qui ose dire ses pensées et ses rêves. Elle lui disait souvent : « J'aimerais t'entendre, seulement t'entendre, cela me permettrait de te recevoir, d'échanger, d'avoir avoir toi des partages en réciprocité… »

Le paradoxe de cette situation, c'est que « Pleindevie », qui savait tellement écouter les autres, se trouva vivre avec une femme qui n'arrivait pas à supporter son silence, aussi stimulant et invitant qu'il soit. Aussi, progressivement, sans même qu'elle le perçoive clairement au début, elle se mura, elle aussi, dans le silence. « Je ne veux pas être la seule à parler, j'ai aussi besoin que tu me parles de toi. » Sur ce point, elle exprimait une demande réelle, importante pour elle, et qui paraît très fréquente chez beaucoup de femmes, lesquelles ont une véritable aspiration à communiquer, car habitées d'un très grand désir de mettre en commun.

Son mari, le père de ses enfants, qui savait si bien écouter les autres, continua d'écouter le silence de sa femme, sans pressentir que cela ne suffisait pas à alimenter une relation d'intimité et de couple, ni d'ailleurs une relation familiale.

Je ne sais si vous devinez la suite. Un jour sa femme décida de le quitter…

Il n'y a aucune morale à cette histoire, si ce n'est qu'elle tente de refléter un des malentendus les plus vifs et quelquefois des plus durables entre une femme et un homme : le besoin de se dire chez l'une et la difficulté à s'exprimer chez l'autre.

Le conte de la petite mésange qui suçait son pouce

Si nous acceptons que les comportements sont des langages, que les enfants et les ex-enfants tentent d'exprimer avec des gestes répétitifs, des attitudes récurrentes ou des comportements compulsifs ce qui ne peut se dire avec des mots, alors nous pouvons mieux écouter l'autre et surtout l'entendre.

Il était une fois une petite mésange qui suçait, suçait, suçait son pouce comme si elle allait l'avaler tout entier, ou plutôt comme si elle devait le retenir, le protéger de peur qu'il ne s'éloigne ou ne disparaisse.

Chacun en la regardant pouvait voir tout le plaisir, la jouissance innocente qu'elle prenait à suçoter longuement son doigt le plus gros…

Quand on vit au pays des mésanges, on sait que sucer son pouce avec plaisir signifie beaucoup de choses. Mais il faut aussi être très respectueux, ne pas forcer, ni obliger un enfant de mésange à ne plus sucer son pouce, encore moins porter des jugements sur ce comportement, surtout si la petite mésange commence à grandir…

Ce que nous savons aussi, et si nous ne le savons pas nous pouvons l'imaginer, c'est que lorsque des parents mésanges attendent la naissance d'un garçon et qu'il arrive au monde une fille, celle-ci sent très tôt la déception de ses parents et elle s'interroge beaucoup. De nombreuses questions circulent dans sa tête : « Est-ce qu'ils vont me garder ? Est-ce qu'un jour ils ne vont pas me jeter hors du nid ? Est-ce qu'ils ne vont pas m'échanger contre un autre enfant qui serait, lui, un vrai garçon ? Et d'abord, sont-ils vraiment mes vrais parents, puisque je ne corresponds pas à leurs attentes ? Mes vrais parents, eux, m'auraient faite comme un garçon puisque c'était ce qu'ils voulaient ! Comment puis-je être certaine que c'est moi qu'ils attendaient ? »

Et encore n'ai-je pas mentionné d'autres questions plus secrètes, plus douloureuses qui sont dans la tête d'une enfant mésange. Ces questions-là, très intimes, lui appartiennent, elles sont précieuses, c'est à elle de les reconnaître et de voir si elle peut les partager avec quelqu'un de confiance.

Comme vous le voyez, quand il y a tant de questions sans réponse dans la tête d'une enfant, on pourrait peut-être imaginer qu'elle puisse s'accrocher à quelque chose de concret, de connu, comme par exemple à son pouce ! Lui, au moins, elle sait qu'il est à elle. Elle le connaît bien, ce pouce-là, depuis toujours, depuis qu'elle est toute petite. Tout bébé elle a eu le temps de regarder ses mains, de découvrir un à un ses doigts, de vérifier que chacun est à sa place. D'ailleurs ce pouce qu'elle suce, il ne ressemble pas tout à fait à celui de l'autre main. Il est tout plissé, tout ridé, il n'a pas la même couleur, ni la même odeur. On dirait un petit vieillard, qui aurait l'air de savoir beaucoup de choses sur la vie.

Vous avez peut-être deviné que la maman mésange s'inquiétait de voir son enfant sucer son pouce. Il y avait en elle une très grande gêne qu'elle n'arrivait pas à expliquer. À l'intérieur d'elle-même, elle s'irritait de trop focaliser sur ce petit détail, elle avait l'impression de ne voir que cela chez sa fille, alors qu'il y avait tant d'autres choses à remarquer, beaucoup plus intéressantes et importantes que le fait de sucer son pouce ! Pour l'instant, elle aurait aimé que sa fille arrête de sucer son pouce et que celui-ci puisse ressembler à celui de l'autre main. Mais justement, tout en étant semblables, ils ne se ressemblaient pas, mais pas du tout, ces deux pouces-là ! Cette mère s'inquiétait beaucoup, car elle aimait profondément sa fille. Dans cette histoire, je me demande si en suçant son pouce, cette petite mésange ne prenait pas soin, à sa façon, d'une blessure très ancienne qu'il y avait chez sa mère.

Cela remontait à très loin. Quand sa mère était toute petite, elle avait ce qu'on appelle un doudou. Un petit chiffon qu'elle tenait entre ses pattes, avec lequel elle s'endormait. Un doudou auquel elle tenait beaucoup. Et puis un jour ce doudou avait disparu. Ses parents lui avaient dit qu'il avait été enlevé par le vent et qu'une pie l'avait ensuite emporté dans son bec. Mais elle n'y avait pas cru, elle sentait qu'on lui mentait. Elle garda en elle longtemps le souvenir de son doudou préféré. Est-ce que sa fille, en choisissant son pouce comme l'équivalent d'un doudou, s'assurait ainsi qu'il ne se perdrait pas ou qu'il ne lui serait jamais pris ?

Au pays des mésanges, c'est très fréquent, les parents hésitent à parler des douleurs de leur histoire. Ils veulent cacher les traumatismes et les souffrances de leur propre enfance à leurs enfants. Ils pensent à leur place que cela pourrait les perturber, les angoisser… Mais ils oublient que les enfants mésanges ont de véritable antennes, qu'ils peuvent entendre ce qui n'a pas été dit, qu'ils peuvent, même s'ils ne comprennent pas, être en communication directe par tous leurs sens éveillés avec les blessures cachées de leurs parents.

Ils ont des sens très développés en plus de l'ouïe, de l'odorat, de la vue, de l'audition et du toucher, des sens affûtés qui captent l'indicible parfois, des sens que je vous laisse le soin de deviner et de trouver par vous-même.

J'espère que la petite mésange pour laquelle j'ai fait ce conte se reconnaîtra et entendra que je l'admire beaucoup de prendre soin, au travers de son pouce, d'une blessure entendue chez sa maman. Je suis touché que cette petite mésange puisse prendre soin, comme elle le fait avec autant d'amour et de fidélité, de son propre doudou !

Certains s'étonneront de découvrir que sucer son pouce avec autant d'application, chez un enfant mésange, puisse être en quelque sorte un moyen très personnel de prendre soin de sa maman. Cela, bien sûr, seulement au pays des mésanges !

La rencontre de la Vie et de la Mort

Le propre du vivant sur la planète Terre, c'est l'inscription de la finitude dans le déroulement d'une existence. Nous pouvons entendre la finitude non comme une fin en soi, mais comme un passage possible vers un autre état.

De tout temps, il a semblé impossible aux humains de faire se rencontrer la Vie et la Mort. Quand la Vie pleine de vie est présente, la Mort en difficulté ou remplie de prudence se tient à distance. Puis, quand cette dernière se sent la plus forte, elle arrive sans crier gare et c'est la Vie qui doit s'éloigner ou disparaître. La Mort parfois hésite à s'imposer ; quand elle se sent appelée, elle peut s'approcher mais souvent elle décide de repartir, car elle n'aime pas du tout qu'on lui dicte ce qu'elle doit faire. Mais la plupart du temps, elle est impitoyable, sans état d'âme, elle fait son métier avec beaucoup de compétence et de sérieux.

Contrairement à ce que beaucoup de gens pensent, parce qu'ils la connaissent mal, la Mort n'agit pas toujours brutalement. Le plus souvent, c'est avec beaucoup de douceur et de délicatesse qu'elle se présente. Ce qui est brutal, c'est ce qui précède sa venue, tels une maladie, un accident, une violence reçue dans le corps de celui qui va mourir. Autrement, la Mort est quelqu'un de délicat, de sensible et, j'ose le dire, de pudique, qui ne se dévoile qu'avec beaucoup de précautions. En fait, personne ne l'a rencontrée de son vivant, je veux dire en étant vivant.

Je ne sais pas qui a servi d'intermédiaire pour organiser une confrontation entre la Vie et la Mort. Ces deux-là ne s'étaient jamais, au grand jamais rencontrées une seule fois de leur vie à l'une comme à l'autre. Maintenant que j'y pense, je crois me rappeler que ce fut le Temps qui proposa la rencontre. Le Temps, donc, s'entretint en premier avec la Mort. Il l'invita à devenir ou plutôt à redevenir, si jamais elle l'avait été, un enfant. Oh, pendant quelques instants seulement, être ou accepter d'être une enfant.

« Si tu revenais durant quelques heures au temps de ton enfance, peut-être que la Vie, à laquelle je vais faire la même proposition, redevenue elle-même une enfant, accepterait de jouer avec toi, lui dit-il comme entrée en matière.

– De jouer avec moi ? s'étonna la Mort. Mais je n'ai jamais joué un seul jour de ma vie, je n'ai jamais eu ni le temps ni l'envie d'ailleurs. Pour jouer il faut être heureux, joyeux, disponible, moi c'est à peine si j'ai le temps d'arriver d'un bout à l'autre de la planète pour être là au moment voulu, et faire mon travail, c'est-à-dire aider quelqu'un à mourir, puis disparaître, me rendre à nouveau invisible. Tu ne sais pas le travail que j'ai ! Certains jours, en période de guerre par exemple, de famine, de catastrophe naturelle, si tu savais le nombre de personnes dont je dois m'occuper quasiment en même temps. J'ai bien quelques aides, mais il faut que je sois là, présente chaque fois, même quelques dixièmes de seconde. Il faut que celui ou celle qui meurt sache que c'est moi qui l'emporte, c'est ma mission. Je n'ai pas de temps à perdre pour rencontrer la Vie, nous vivons dans deux mondes bien séparés, je ne vois aucun intérêt à ta proposition ! »

Le Temps argumenta, revint à la charge, lui parla du progrès, de l'évolution, des changements qui se passaient dans le monde, de la nécessité de mieux se connaître si on voulait vivre en paix. Il insista sur l'enfance, sur les rêves et les jeux de cette période. Rappela l'innocence et la curiosité des enfants, tout ce qui permet à beaucoup de mieux comprendre quelques-uns des mystères du monde…

Après avoir réfléchi, la Mort demanda :

« Je veux bien jouer, je veux bien essayer une fois, une seule fois pour voir, mais je me demande bien à quoi jouer.

– Au seul jeu que connaît la Vie, ce jeu s'appelle "onferaitcommesi". On ferait comme si tu dormais, on ferait comme si tu étais un enfant qui s'est endormi en plein jour, au bord de la mer. Qu'en penses-tu ?

– J'ai encore besoin de réfléchir », dit la Mort.

Le Temps fit la même proposition à la Vie. « Si tu acceptes, la Mort pourrait faire comme si elle dormait, et toi, comme si tu rêvais que tu discutais avec elle… »

Ainsi furent formulées, par le Temps qui sait parfois être d'une patience infinie, les invitations à l'une et à l'autre.

Et c'est comme cela qu'un soir, au soleil couchant, la Mort sortit de son silence et proposa à la Vie de jouer au jeu de « onferaitcommesi », « comme si je dormais par exemple », et la Vie répondit :

« On ferait comme si je rêvais que je faisais ta connaissance !

– Si je faisais comme si je dormais, tu pourrais t'approcher de moi et même déposer quelques rêves dans mon sommeil, moi qui ne rêve jamais… », suggéra la Mort.

La Vie put donc rencontrer la Mort qui faisait comme si elle dormait. Quelques instants plus tard, elle déposa un rêve dans le sommeil de la Mort, qui était tellement fatiguée qu'elle n'avait pu faire semblant et dormait réellement, ce qui ne lui était pas arrivé depuis des siècles. Je dois vous dire que ce fut un moment très court, mais qui fut remarqué par toutes les espèces vivantes, car durant ce temps personne ne mourut dans tout l'univers !

C'est ainsi que la Mort, qui s'était toujours occupée de la mort des autres, rêva de sa propre mort, ce qu'elle n'avait jamais fait auparavant. C'était quelque chose de doux, de voluptueux presque, de pouvoir se laisser aller, de n'avoir plus de responsabilité, de sentir qu'elle pouvait lâcher prise, renoncer à courir aux quatre coins du monde, à se battre sans arrêt pour ne rien laisser échapper de la moindre souffrance, du plus petit malaise qui aurait mal tourné, de la violence et de l'injustice qui sont les fournisseurs les plus généreux de la Mort. Dans son rêve, elle vit la Vie penchée sur elle, qui lui parlait doucement, gentiment. « Je ne veux pas que tu meures ou que tu disparaisses, disait la Vie à la Mort, je sais que ton rôle est très important pour l'équilibre de l'univers, mais je voudrais seulement que parfois tu donnes une seconde chance à ceux qui sont passés à côté de leur vie. Que tu renonces à les emporter trop vite. Que tu accordes un répit à ceux qui n'ont pu découvrir l'amour, à tous ceux qui n'ont pas pu se rencontrer avec leurs possibles et même à ceux qui ont maltraité la parcelle de vie qu'ils ont reçue en dépôt. Je voudrais que tu leur donnes la possibilité de revenir encore un peu près de moi, la Vie, de faire un second essai pour leur permettre de découvrir ainsi combien leur existence vaut la peine d'être vécue. Je te demande de faire cela pour le maximum d'êtres humains, surtout pour ceux que tu sentiras capables de se remettre en cause…

– Au fond, lui dit la Mort, dans son rêve, tu voudrais que je travaille pour toi, que je donne un surplus de vie à tous ceux qui n'ont pas eu le courage de la vivre à temps plein. Tu ne crois pas que tu exagères de me demander cela, à moi ? Ce n'est pas mon travail de tenter de réconcilier avec la Vie ceux qui veulent mourir !

– Je sais bien que ma demande peut paraître excessive, mais toi aussi tu auras tout à gagner : tu auras enfin des personnes qui vont mourir de plus en plus vivantes et non pas déjà mortes comme beaucoup le sont quand tu arrives près d'elles pour les emporter. Tu sais bien que tout ce qui est vivant sur cette Terre a une fin, toi tu es là à les attendre au bout du chemin. Personne ne sait exactement qui tu es, on t'imagine, on t'a beaucoup représentée, autrefois avec une grande faux, aujourd'hui comme une dame blanche qui prend la main de ceux qui sont en fin de vie, quel que soit leur âge, et qui les fait passer de l'autre côté. Réfléchis bien à ma proposition. »

Quand la mort se réveilla, de son vrai sommeil, quelques-unes des paroles de la Vie résonnaient encore à ses oreilles. On croit savoir que la Vie et la Mort ne se rencontrèrent plus jamais, mais ce qui est certain, c'est que parfois la Mort laisse une deuxième chance de vie à certains et cela plus souvent qu'il n'y paraît. Il m'a semblé, ces dernières années, que j'étais un de ceux-là.

Le conte de la petite fille qui écrivait sans arrêt

L'écriture intime permet de favoriser une rencontre possible avec les multiples états de nous-mêmes qui nous habitent. Elle peut nous réconcilier ainsi avec quelques-unes de nos contradictions.

Il était une fois une petite fille dont le besoin le plus important n'était pas de jouer à la poupée, ni de s'amuser avec ses copines, encore moins de s'intéresser aux garçons ou de poser des questions à sa maman. Son besoin le plus vital, le plus essentiel, était d'écrire. Elle écrivait pratiquement sans arrêt. Chaque fois qu'elle avait un petit moment à elle, elle montait dans sa chambre, fermait la porte, s'installait au pied de son lit, à même le sol, ouvrait son petit cahier « secret » et elle commençait à écrire ou plutôt elle continuait d'écrire.

Quand ses parents, sa grand-mère ou même ses amies lui demandaient : « Veux-tu nous lire ce que tu as écris ? », elle répondait : « C'est des choses à moi, c'est pour moi que j'écris ! »

Tous ces mots, toutes ces phrases, qu'elle écrivait patiemment, étaient bien à elle. Elle ne voulait rien en montrer, ni en parler à personne. C'était comme une île sur laquelle elle était princesse et reine.

Vous allez me demander : « Vous qui connaissez tant de choses, qui avez tant écrit, vous devez tout de même savoir ce qu'elle écrivait ? Vous devez bien avoir une petite idée de ce que peut écrire une petite fille de onze ans ? »

Eh bien, même si je le savais, je ne vous le dirais pas. Quand un enfant écrit, que ce soit une petite fille ou un petit garçon, quand il écrit non seulement avec son cœur, mais aussi avec ses rêves, avec ses interrogations les plus importantes, avec ses secrets, je crois qu'il faut respecter sa décision, sa réserve, son refus. Je crois qu'il convient de préserver ce territoire intime constitué par un carnet, un cahier qui reçoit les confidences, les élans, les émotions, le récit des événements ou des rencontres vécus par un enfant.

Car vous ne le savez peut-être pas encore, mais les choses les plus importantes d'une vie d'enfant sont écrites avec les mots du silence. Les mots du silence sont des mots très rares qu'on ne trouve dans aucun livre, qui restent longtemps coincés dans la poitrine, qui se glissent parfois jusque dans la gorge mais n'arrivent pas jusqu'à la bouche. Les mots du silence ne sont pas faits pour être entendus avec les oreilles. Les mots du silence se murmurent avec des gestes infimes et des mimiques immobiles, ils se lisent avec les yeux fermés, s'écoutent avec le cœur, se gardent au profond de soi, dans la douceur des émotions.

Les mots du silence qui naviguaient dans la tête et le corps de cette petite fille étaient vraiment silencieux. Ils se laissaient tout au plus dessiner par ses doigts sur une feuille de cahier, ils cherchaient tout simplement une place pour se déposer. Ils n'avaient pas besoin pour l'instant d'être entendus. Ils aspiraient simplement à remonter à la surface car ils venaient de très loin, ayant parcouru un long chemin dans l'imaginaire de cette petite fille. Ils avaient besoin de prendre un peu d'air, de danser sous sa plume, de voir le bleu du ciel, de respirer à pleins poumons pour se sentir vivants. Ils avaient besoin d'être accueillis et regardés uniquement par elle, chuchotés par les murmures de ses émotions avant de se poser à plat sur une feuille de cahier d'écolier.

Pour l'instant, vous l'avez deviné, cette petite fille écrivait pour elle. Un jour, certainement, elle écrira pour les autres, en direction de lecteurs inconnus. Alors ses mots prendront leur envol, traverseront l'espace, iront au-delà des mers et des océans et seront enfin reçus, entendus et compris par tous ceux qui se reconnaîtront en eux.

Et si un jour vous rencontrez, vous découvrez l'un ou l'autre de ses mots, je suis persuadé qu'ils vous accompagneront longtemps. N'hésitez pas alors à les garder précieusement au cœur de vos pensées.

Le conte de l'ex-petit garçon qui avait appris à prendre soin de son désir

Tous les désirs ne sont pas recevables ou réalisables, mais il nous appartient de les respecter et de leur donner une place, avec l'aide de notre créativité, dans notre imaginaire, pour leur donner la possibilité de ne pas se perdre dans les limbes du désespoir.

Peut-être le savez-vous déjà, mais les hommes et les femmes ont souvent des désirs importants. Deux grandes sortes de désirs : les désirs qu'ils peuvent reconnaître et nommer, et les désirs qu'ils ont du mal à reconnaître et parfois même ne peuvent nommer tellement ils sont ressentis comme gênants.

On me demande souvent : « Qu'est-ce qu'un désir » ? Je vais tenter de vous le dire de façon simple.

Un désir, c'est à la fois un mouvement, une aspiration et une tension vers quelque chose qu'on n'a pas. Un désir peut se fixer sur une personne, un objet, un rêve que l'on voudrait réaliser, un objectif que l'on veut atteindre parce qu'il semble désirable, c'est-à-dire susceptible de proposer du plaisir ou du bien-être.

Je vais vous donner un exemple. Si je suis un enfant, je peux avoir le désir que mes parents restent le plus longtemps possible ensemble, ne se quittent pas comme les parents de mon meilleur ami qui ont divorcé. Si je suis une femme, je peux avoir le désir de maigrir ou de grossir, d'être blonde ou encore plus brune, de pouvoir poursuivre des études de médecine ou de danse classique. Si je suis un homme, je peux avoir le désir que telle jeune fille, telle femme s'intéresse à moi, qu'elle me distingue d'entre tous les autres et qu'elle puisse répondre à mon désir en me donnant du plaisir.

Il y a parfois des désirs terroristes qui se portent sur le désir de l'autre : non seulement j'ai du désir vers quelqu'un, mais je voudrais que cette personne ait à son tour du désir pour moi et même du désir pour mon propre désir. Car, dans le domaine des relations amoureuses, nous souhaitons tous des désirs en réciprocité. Ce que l'un et l'autre feront ensuite de ces désirs qui vont se rencontrer ne nous regarde pas, cela appartient à l'intimité de chacun.

Il y a aussi des désirs autonomes qui ne dépendent pas d'un autre, mais seulement des initiatives et de l'action de celui qui les porte. Le désir de changer de voiture, de passer les vacances au bord de la mer, d'écrire un livre : ces désirs-là ne dépendent que de celui qui les a et des moyens qu'il peut trouver pour les satisfaire.

Il y a aussi des désirs qui sont si fous ou tellement extraordinaires que la réalité est trop petite pour les accueillir ou pour les réaliser. Il y a donc des désirs qui resteront des désirs, semblables à des étoiles inaccessibles mais présentes. Ils accompagneront celui qui les porte telle une lumière éclairant leur chemin de vie.

Une petite fille, que je connais bien, voudrait que le monde entier soit heureux (ce qui est un beau désir). Elle prend le risque de ne jamais voir se réaliser son rêve mais, portée par la force de ce désir, elle est habitée par un enthousiasme et une confiance qui dynamisent tout son entourage. Tel petit garçon voudrait que ses parents divorcés reviennent ensemble. Il risque d'être déçu, surtout si son papa a une nouvelle amie, ou si sa maman est remariée. Que ce petit garçon ait un tel désir est en soi formidable, c'est tout à fait son droit de vouloir réunir ses parents, de souhaiter qu'ils soient à nouveau réunis ! Toutefois, la réalisation de ce beau désir ne dépend pas de lui, mais des décisions que ses parents ont déjà prises. Comme il est peu vraisemblable que ses parents divorcés acceptent de remettre en cause leurs relations amoureuses et conjugales actuelles pour faire plaisir à leur petit garçon, alors il ne lui restera qu'à prendre soin de son propre désir, en le respectant, en l'honorant.

« Que peut-il faire alors ? » allez-vous me demander. Si ce petit garçon reste bloqué sur le désir de « réaliser son désir à tout prix », il va entretenir colère et ressentiments contre ses parents, se montrer insupportable avec le nouveau mari de sa maman, rejeter la copine de son papa, se mettre à faire pipi au lit ou caca dans sa culotte, avoir de mauvais résultats en classe ou se rendre insupportable avec tout le monde !

Par contre, s'il ne confond pas le désir et sa réalisation, et si son souhait est important pour lui, il peut par exemple en prendre soin avec l'aide d'un objet symbolisant ce désir et décider de faire quelque chose dans sa relation avec cet objet. Cela n'entraînera pas bien sûr la réalisation de son désir, puisque celle-ci ne dépend pas de lui, mais cet acte lui permettra de ne pas rester dans la frustration, l'amertume, le ressentiment. En prenant soin de son désir, il apprendra à le respecter.

Quand j'énonce qu'il est possible de prendre soin d'un désir, la plupart de mes lecteurs s'interrogent : « Mais comment ? Comment est-il possible de prendre soin d'un désir sans le réaliser ? »

Je vais vous dire ce qu'a fait un petit garçon que je connais bien. Ce petit garçon aurait voulu que son papa et sa maman (qui étaient divorcés depuis quelques années) reviennent ensemble et se marient à nouveau. Il a pris une photo de sa maman, une photo de son papa, il a dépensé toutes ses économies en allant chez un photographe pour les faire agrandir. Il les a découpées soigneusement, les a collées sur du carton, toutes proches l'une de l'autre, et il a suspendu le tout sur un des murs de sa chambre face à son lit. Ce qui fait que, tous les soirs avant de s'endormir et tous les matins en se réveillant, il pouvait voir son papa et sa maman ensemble, tous les deux enlacés. C'est ainsi qu'il a pris soin de son désir !

Devenu plus grand, dans sa vie d'homme, un autre ex-petit garçon a le désir d'acheter une île pour y vivre à temps plein. Mais il va découvrir qu'une île ça coûte cher, très cher, qu'il n'a pas assez d'argent. Aussi va-t-il se donner les moyen d'acheter une toute petite maison dans une île, une maison entourée d'arbres qui feront une sorte d'îlot de verdure dans une île entourée d'une mer bleue comme le ciel d'été.

Prendre soin d'un désir, cela ne veut pas dire le réaliser, mais lui accorder à l'aide d'un objet symbolique de l'attention et des soins avec des actes de bienveillance, de respect, pour garder vivant et entier ce désir en soi.

Quand nous ne savons pas prendre soin d'un désir, nous risquons de rester dans la frustration, d'être tentés de culpabiliser l'entourage qui ne répond pas à notre désir, de provoquer un passage à l'acte pour forcer le non-désir de l'autre, ou encore de fuir vers d'autres désirs secondaires ou artificiels, qui de toute façon entretiendront la non-satisfaction de notre désir principal.

C'est pourquoi, je le répète encore une fois, il est important et vital d'apprendre à prendre soin d'un désir, sans le confondre avec sa réalisation.

Vous l'avez compris, depuis toujours,
du plus lointain de mon enfance,
j'aime les histoires, toutes les histoires.
Les vraies ou les inventées,
les courtes ou les longues,
les sans fin ou les éphémères
qui surgissaient sans prévenir,
et se déposaient doucement
au profond de moi, au détour d'un moment
d'attention ludique ou d'inattention scolaire.
Il y a les histoires que j'ai pu lire.
Il y a celles que l'on m'a racontées.
Mais il y a surtout les plus belles,
celles que j'inventais
dans ma tête, le soir dans mon lit,
en classe parfois, quand j'étais enfant
et que la leçon ou le discours professoral
n'arrivait pas à me rejoindre.
Ou encore à la table familiale, quand les adultes
parlaient au-dessus de ma tête
en oubliant ma présence.
Celles que je préfère encore aujourd'hui
sont les histoires qui viennent en moi

au petit matin, quand je sais que la journée
m'appartient, que le temps va se ralentir
pour me permettre d'entrer à pleine vie
dans chaque instant.
J'aime surtout les histoires que j'ai eu plaisir
à raconter tout au long de ces pages.
Et comme un livre a toujours deux auteurs,
celui ou celle qui l'écrit,
celle ou celui qui le lit,
vous pourrez à votre tour
devenir auteur d'histoires
et même créer de nouveaux auteurs
avec tous ceux
à qui vous aurez envie de les offrir.

Table

Minuscules aperçus sur la difficulté d'enseigner

Minuscules aperçus sur la difficulté de soigner

Toi, mon infinitude (calligraphies de Hassan Massoudy)

N'oublie pas l'éternité

Paroles de rêves (photographies de Vincent Tasso)

Pensées tendres à respirer au quotidien (calligraphies de Lassaâd Metoui)

CHEZ D'AUTRES ÉDITEURS

Supervision et formation de l'éducateur spécialisé (épuisé)
Éd. Privat

Relation d'aide et formation à l'entretien
Presses universitaires de Lille

Parle-moi... J'ai des choses à te dire
Éd. de l'Homme

Apprivoiser la tendresse
Éd. Jouvence

Si je m'écoutais, je m'entendrais (en collaboration avec Sylvie Galland)
Éd. de l'Homme

Aimer et se le dire (en collaboration avec Sylvie Galland)
Éd. de l'Homme

Jamais seuls ensemble
Éd. de l'Homme

Une vie à se dire
Éd. de l'Homme

Le courage d'être soi
Éd. du Relié, Pocket

Au fil de la tendresse (en collaboration avec Julos Beaucarne)
Éd. Ancrage

Inventons la paix
Éd. Librio

L'Amour et ses chemins (en collaboration avec Catherine Enjolet)
Éd. Pocket

Passeur de vies
Éd. Dervy, Pocket

Car nul ne sait à l'avance la durée d'un amour
Éd. Dervy

Chaque jour… la vie
Éd. de l'Homme

Un océan de tendresse
Éd. Dervy

Mille et un chemins vers l'autre
Éd. Souffle d'Or

Découvrir la communication relationnelle dès l'enfance
(en collaboration avec Kathleen Geerlandt)
Éd. Jouvence

Je mourrai avec mes blessures
Éd. Jouvence

Vivre avec soi
Éd. de l'Homme

Vivre avec les miens
Éd. de l'Homme

Vivre avec les autres
Éd. de l'Homme

Écrire l'amour
Éd. Dervy

Si on en parlait
Éd. Jouvence

Et si nous inventions notre vie ?
Éd. du Relié

Inventer la tendresse
Éd. Bachari

Composition IGS
Impression et reliure Pollina, décembre 2006
Éditions Albin Michel
22, rue Huyghens, 75014 Paris
www.albin-michel.fr

ISBN : 978-2-226-16934-1
N° d'édition : 24795 - N° d'impression : L 41866
Dépôt légal : janvier 2007
Imprimé en France.